チャーチルの肖像　（ナショナルポートレートギャラリー，スミソニアン）Alamy 提供

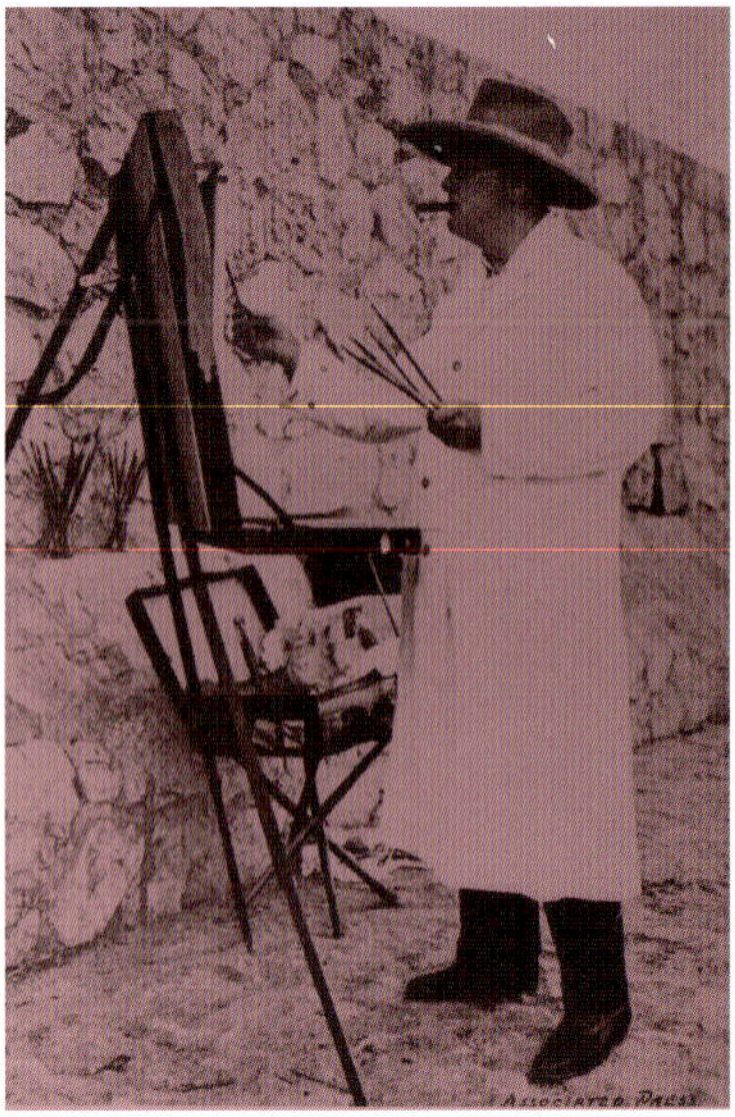

（右上，中）チャーチルの演説二様

キャンパスに向かうチャーチル

チャーチルの描いた風景画　C309: The harbour at St Jean Cap Ferrat, January 1921　Reproduced with permission of Anthea Morton-Saner on behalf of Churchill Heritage Ltd　

愛犬と散歩に出た際のチャーチル

新・人と歴史　拡大版　30

チャーチルと第二次世界大戦

山上正太郎　著

SHIMIZUSHOIN

本書は「人と歴史」シリーズ（編集委員　小葉田淳、沼田次郎、井上智勇、堀米庸三、田村実造、護雅夫）の『チャーチル』として一九七二年に、「清水新書」の『チャーチルと第二次世界大戦』として一九八四年に刊行したものに表記や仮名遣い等一部を改めて復刊したものです。

序

アンドレ゠モーロアという作家が、『エドワアド七世とその時代』のなかで、次のようなエピソードを記している。

一八九五年、若い軍人ウィンストン゠チャーチルはある老政治家と食事をともにしながら、「これから何が起こるでしょうか?」とたずねた。「ウィンストン君、長い人生の経験によって、大したことは何も起こるものではないと確信するようになりましたよ」とその政治家は答えた。

そして、モーロアは続けている。「イギリス人にとって六〇年来何ごとも起こらなかった、女王が君臨し、愛し、老いた」時代であったと。

だがそれから半世紀あまりのあいだに、歴史は何という大きな試練をウィンストン゠チャーチルに課したことであろうか。

そのチャーチルは一八七四年に生まれ、一九六五年九〇歳で世を去った。六代の君主に接し、六〇年をこえる政治生活を送り、この間二度首相をつとめた。一方で彼は軍人、画家、文筆家でもあり、しかも個人としてもきわめて波瀾に富んだ生涯を過ごし、また多彩な人間像を示している。まことに伝記を書く対象となるのにふさわしい人物といえよう。

政治生活が長かっただけに、チャーチルは二〇世紀のイギリス史、世界史に深い関係をもっている。なかでも第二次世界大戦において、行政府の最高責任者としてイギリスを勝利に導いたことは特筆されるべきであろう。ウィンストン＝チャーチルの名を耳にするとき、われわれは何よりもまず、西欧文明の歴史において最も暗黒であったとき、勝ち誇るファシズムに敢然と立ち向かった偉大な戦士を思いうかべる。彼のブルドッグのような容姿、雄弁、V《ヴィ》サイン、葉巻、尽きないユーモアとウィット——いずれもが難局に処するイギリス国民に、自由を守ろうとする世界中の人々に、限りない激励と希望を与えた。

したがって従来の邦文のチャーチル伝には、一種の英雄崇拝や全面的な礼讃に終始したものが見受けられるようである。伝記を書くためには、その人物に対する筆者の深い傾倒や尊敬の念が必要であり、この点、伝記はおのずから賞辞に満ちたものになりがちであろう。しかし、チャーチルのような歴史に深い影を落としている人物を対象とするとき、客観的、批判的に考察してみることも肝要かと思われる。ましてこの大政治家においては自由といい、反ファシズムといい、抽象的なものではなくて、現実的なイギリスの利害と結びついていたのである。

そして、彼が反ファシズム戦争の指導者であったとともに、対ソヴィエト軍事干渉の推進者でもあったこと、ヒトラーの敵ナンバーワンであったとともに、ムッソリーニに親近性を感じていたこと、イギリス人の国民的英雄であったとともに、労働党や労働者階級から帝国主義者、反動政活家とみなされていたこと、こうした事実を軽視してはチャーチルの歴史的評価を誤ることになるであろう。

また、チャーチルのスケールの大きい人柄については、その著『第二次世界大戦』全六巻のそれぞれの巻頭に掲げられ、「この著作の教え」と題された彼自身の次の言葉が、期せずしてそれを示しているといわれる。

「戦争では決意、敗北では挑戦、勝利では雅量、平和では善意」

しかし反面、彼の個性的な性格がその長い人生を通じて、いかに周囲の人々との摩擦を生み、非難や嫌悪をさえ招いたか。「偉人チャーチル」ではすまされない人間臭をただよわせていたか。こういう点を見逃しては、かえって彼の真の姿をゆがめる結果になるであろう。

それはともかく本書は、第二次世界大戦におけるチャーチルを中心としつつ、その前後に及ぶ政治的伝記であるとともに、彼を軸とした簡単な二〇世紀イギリス史、西洋現代史でもあり、また国際的な動向にも留意されているはずである。そして個人の伝記である以上、その性格を物語るエピソードなども紙数が許す限り書きこむようにつとめた。しかしすべてを尽くすことはできず、たとえば軍事史や戦略的な面については、筆者の知識がとぼしいためもあってあまり言及しなかった。

このささやかな伝記がもし読者の興味をひくとすれば、それはウィンストン＝チャーチルという人物とその時代の面白さこそが、そうさせるのである。

目次

Ⅲ　ある時代の終わり

フィンランド
レニングラード
エストニア
ラトヴィア
リトアニア
モスクワ
ソヴィエト連邦
スターリングラード
ポーランド
ロストフ
カスピ海
ルーマニア
ブカレスト
クリミア
ヤルタ
黒海
ブルガリア
ボスフォラス
イスタンブール
トルコ
イラン
ダーダネルス
ギリシア
アテネ
シリア
イラク
キプロス
レバノン
トランスヨルダン
パレスティナ
サウディアラビア
クレタ
海
トブルク
キレナイカ
エジプト
アレクサンドリア
エル-アラメイン
カイロ

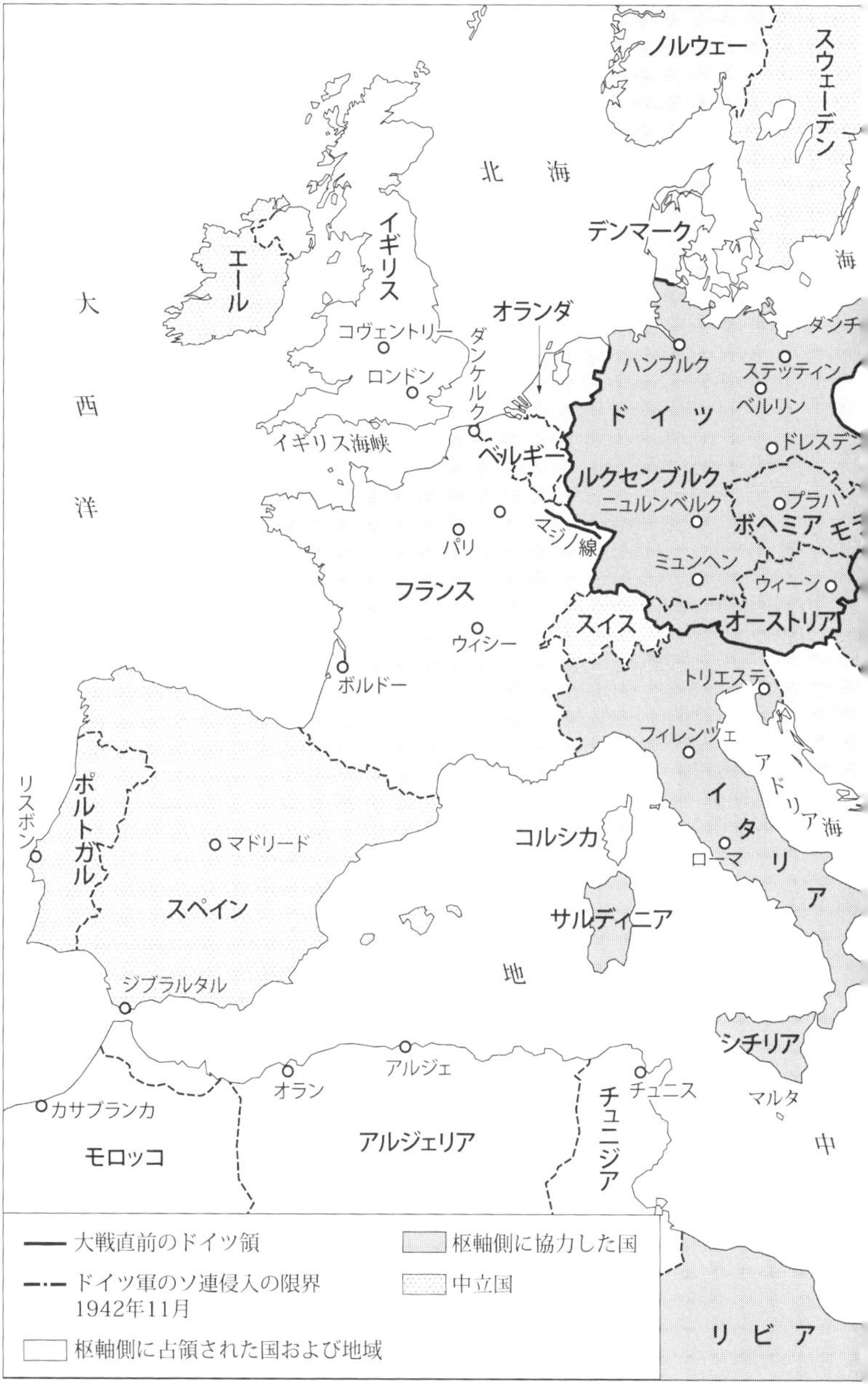

第二次世界大戦中、枢軸側優勢期のヨーロッパ

I

政治家としての哀歓

人生の門出

❖古き良き時代

ウィンストン＝レナード＝スペンサー＝チャーチルは一八七四年一一月三〇日、イギリスのオックスフォードに近いウッドストックのブレナム宮に生まれた。それはラジオやテレビはむろん、電気や電話も普及しておらず、「汽車と馬だけが旅行の手段であった」ころである（思えば彼はそれから、人間が月に達しようとするときまで生きたのだ！）。彼の先祖がとくにイギリス史上に登場するのは一七世紀からであるが、そのなかでも初代マールバラ公ジョン＝チャーチルがとりわけ有名である。

この人物は一八世紀初め、いわゆるスペイン継承戦争において、イギリス軍の総司令官としてフランス軍を各地で負かし、当時のフランス王ルイ一四世の野心をくだいた。彼の歴戦のうちでも、一七〇四年八月ドイツのブレンハイムにおける勝利は輝かしい。イギリス女王アンは

ブレナム宮

ジョン＝チャーチルの功を賞し、広大な土地を与えた。そこに、議会から贈られた費用をもって建造された大邸宅こそ、あの戦勝を記念してブレナム宮と名づけられた。ブレナムはブレンハイムを英語風にしたものである。

初代マールバラ公の死後、爵位は女系のスペンサー＝チャーチル家に伝わったが、その後一世紀半、この一家は地主貴族として平凡な生活を送っている。一九世紀、第七代目のマールバラ公ジョン＝チャーチルは保守党の有力者であったが、彼の三男ランドルフ卿こそウィンストンの父であり、チャーチル家にとって初代マールバラ公以来の人材であった。

一八七四年春、ランドルフ卿はアメリカ合衆国の実業家で富豪の娘ジェニー＝ジェロームと結婚した。すべてにやかましい七代目マールバラ公は、息子が貴族でもない外国の女と結婚することに気が進まなかったが、この七四年初めにランドルフ卿が保守党の庶民院（下院）議員に当選し

ロード=ランドルフ=チャーチル（左）と
レディー=ランドルフ=チャーチル（右）

たこともあって、彼の望みはかなえられた。

　こうして一八七四年はランドルフ卿に処女演説とすばらしい花嫁とさらに嗣子を与えた。一一月三〇日の早朝、若くて社交的なジェニーはブレナム宮での振舞いがすぎて早産した。当時の『タイムズ』紙は、「一一月三〇日、ブレナム宮でランドルフ=チャーチル卿夫人《レディー》は男子を早産」と簡単に報道している。のちに世人は冗談をとばした――「ウィンストンは公爵のあとつぎになれなかったが、生まれるときには押しかけていって、あのお城のなかで生まれたのだよ」。この月たらずの赤ん坊は、実は月満ちていたが、両親の体面上からか、早産とされたらしい。

　ともかくウィンストンはアメリカ人の血を引いていたわけであり、後年彼が親米政策をとり続けた個人的理由の一つは、ここにあったのかもしれない。

　さて、一九世紀のイギリスは富み栄えていた。経済力も植民地の広さも世界一であり、議会政治の発達においても、世

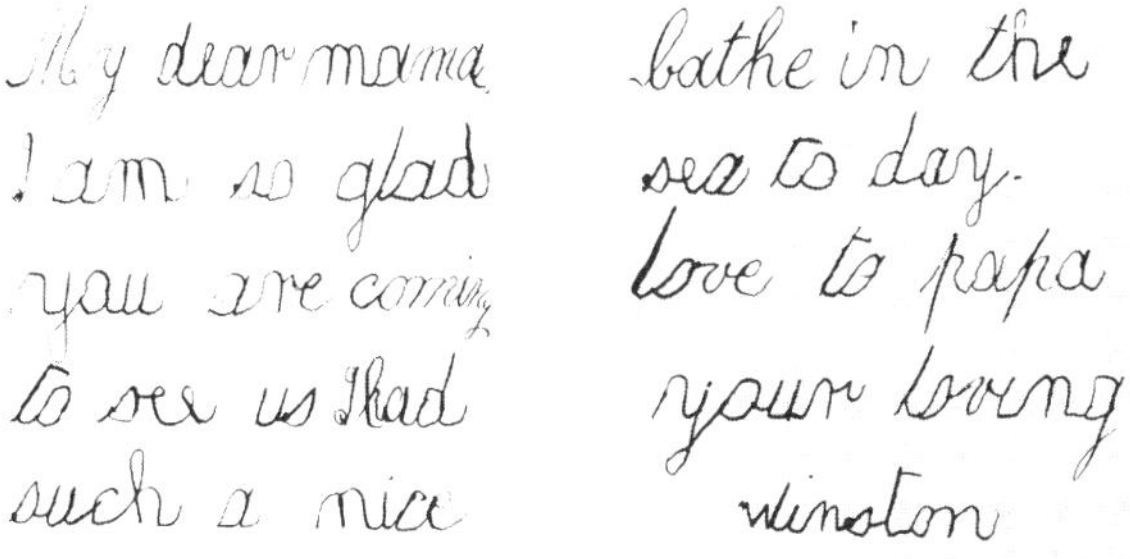
My dear mama
I am so glad
you are coming
to see us I had
such a nice
bathe in the
sea to day.
love to papa
your loving
winston

チャーチルの最初の手紙

界で最も先進的であった。この大英帝国の隆盛期に名門の子として育ったウィンストン＝チャーチルの幼年時代は、まことに恵まれたものであった。

そのころ父は政治に熱中し、母は社交に多忙だったので、彼はエヴァレストという女性によって養育された。彼はのちに、当時の母について自伝『わが半生』に書いている。

「母は私にとっていつもお伽話のなかの女王のように思われた。つまり無限の富と力とをもった光り輝くような存在であった」

そしてウィンストンは、長じてからもエヴァレストと親しい関係を保ち、彼が二〇歳のとき世を去った彼女について「最愛の、最も親密な友人」と書いており、のちのちまで部屋にこの女性の肖像を飾っていたという。

❖学窓のころ

ウィンストンは七歳で進学したが、そのころは父ランドルフ卿の得意な時期にあたっている。それは保守党、自由党の二大政党による、イギリス議会史上において最もはなやかな時代であるが、ランドルフ卿は保守党のなかでも自由主義的な立場をとって、党に生気を与えていた。

幼いウィンストンはすでに父に誇りを感じていた。父の姿や記事で埋まった新聞を手にしたり、見ず知らずの人が父に敬意を表するのを目にしたりするとき、彼は心を躍らせている。

「あなたは自由党を支持するか、保守党か」とある人に聞いて、相手が「政治について無関心」と答えると、このませた子供は即座に言った。

少年時代

「なんですって！　あなたは税金を払っているのに政治に無《む》頓着《とんちゃく》なんですか！」

しかしランドルフ卿のほうは、この幼いファンに全く無関心であった。息子にとっても政治に熱中した父は遠い存在であり、父がいるところでは何かぎこちなさを感じていたらしい。

「手に負えないいたずら小僧」であった幼年期を経て、一八八八年、一三歳のウィンストンはパブリック-スクールとして有名なハロウ校に入学した。入試は不出来であったが、合格できたのは

青年時代

校長の特別の配慮によるものだったらしい。そのかわり彼は、一番成績が悪い生徒たちのクラスに入れられ、たとえば語学ではギリシア語、ラテン語のようなむずかしい科目は教えてもらえず、もっぱら英語を勉強した。しかしこれは、むしろ彼にとっては幸いであった。英語にかけてはすばらしく熟達したため、ウィンストンが後年、政治家として英語を縦横に駆使して書いたり論じたりするうえで、大いに役立ったからである。

英語を別として、在学中の成績は総じてよくなかったとみえる。そのうえ個性が強い彼は団体競技が嫌いで、賞を得たスポーツはフェンシング、水泳という個人的性格が強いものであった。また向こう見ずなところもあり、一八歳から二六歳までのあいだで、彼が死を危うくまぬかれた経験を、ある伝記は一一回列挙している。余談になるが、一九三一年に彼はニューヨークの街頭で輪禍にあい、ようやく命をとりとめたこともある。それはともかく彼は学生時代を、「私の人生という海図の陰気で灰色の部分」と自伝に記さねばならなかった。

在学中、休暇で家に帰っていたある日のこと、ウィンストンは六つ年下の弟ジョンと玩具の兵士をもって戦争ごっこをしていた。たまたま息子が軍を編制したり動かしたりする様子を見たランドルフ卿は、ウィンストンに「軍人になる気はないか」と聞いた。ただちに「ええ、なりたいです」と答えがあった。

ウィンストンは父が自分の軍事的才能を認めてくれたものと思っていたが、のちになって、実は息子を法律家にしたかった父は、成績が悪いので断念し、軍人を選ばせたということを聞いた。「それはともかく、玩具の兵士たちは私の人生の流れを変えた」という自伝の一行は印象的である。

一八九三年、三度目の試験でようやくサンドハースト陸軍士官学校に入学したウィンストンは、騎兵のほうに回されたが、戦車も航空機もないそのころ、騎兵は軍隊の花であり、乗馬が好きなウィンストンは制服が派手で、ロマンチックな騎兵になれることを喜んだ。

士官学校を卒業した翌年、思いがけない不幸が訪れた。一八九五年一月、まだ四五歳の父が病気で他界したのである。これより以前の一八八六年、ランドルフ卿は保守党内閣の蔵相にまでなったが（イギリスでは蔵相は副総理格である）、閣内で意見が合わず年内に辞職。その後は不遇であり、そして父と子とはついに打ちとけないままであった。

❖剣とペン

一八九五年、スペイン領キューバで反乱が起こった。これは九八年の米西戦争、キューバ独立へと発展してゆくのであるが、そのころ戦争を経験したいと願っていたチャーチルは、反乱弾圧に参加する許可をスペイン政府から得て、九五年一一月にキューバへ渡った。このとき『デイリー・グラフィック』紙に通信文を送ることとなったが、文筆家、ジャーナリストとしてのチャーチルがここに始まるわけだ。このキューバでチャーチルは希望したように最初の銃火の洗礼をうけ、弾丸が頭上少しのところを通過するというような実戦の体験を得たが、同時にここで得た午睡と喫煙（葉巻）の習慣は永続的なものとなった。

一八九六年からウィンストン＝チャーチルが属する騎兵隊は、守備隊としてインドに駐留した。いうまでもなく一九世紀末のインドはイギリス最大の植民地であり、貴重な宝庫であった。イギリス人は巧妙で狡猾な支配者としてインド人から搾取していた。

日常のことはすべて召使いのインド人にまかせて、将校たちは午前の訓練と午睡を終えると、夕方には騎馬のポロゲームに興ずるならわしであった。しかし、チャーチルがこのインドで過ごした歳月は、他の将校たちのそれとは少し違っていた。余暇を利用して読書に専念したからである。大学に進まなかったチャーチルは、このときの自学自習で広い教養を身につけた。政

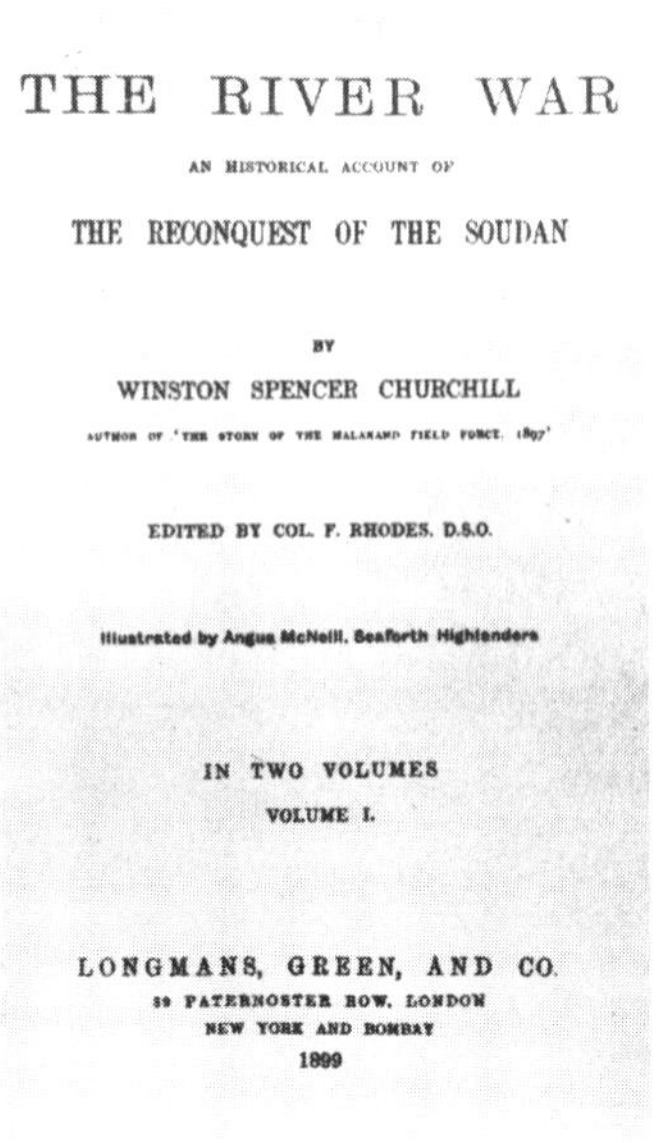
THE RIVER WAR

AN HISTORICAL ACCOUNT OF

THE RECONQUEST OF THE SOUDAN

BY

WINSTON SPENCER CHURCHILL

AUTHOR OF 'THE STORY OF THE MALAKAND FIELD FORCE, 1897'

EDITED BY COL. F. RHODES, D.S.O.

Illustrated by Angus McNeill, Seaforth Highlanders

IN TWO VOLUMES

VOLUME I.

LONGMANS, GREEN, AND CO.

39 PATERNOSTER ROW, LONDON

NEW YORK AND BOMBAY

1899

『河畔の戦争』

治、社会、経済、歴史など、それは多方面に及んだが、宗教に関してもいろいろな本を読みあさったらしい。そして反宗教的な思想などに心を悩ませたこともあったが、この生来のリアリストは現実との接触のうちに、こうした観念的な問題から離れていったとみえる。

一八九七年夏、賜暇中にインドで住民の反乱が生じた。その鎮圧に従軍記者として参加したチャーチルは、処女作『マラカンド野戦軍記』を著わした。この戦記は好評で、当時の皇太子からも賞賛の言葉があったという。気をよくしたチャーチルは続いて、約二か月で小説『サヴロラ』を書きあげた。

これは地中海沿岸のある国を舞台とした革命もので、主人公は民衆を代表して独裁者の暴政とたたかうが、自分もまた革命のうちに没落してゆき、それに恋物語がからまっている。政治と恋愛に関係するロマンチックな主人公は、明らかに著者の分身とみられる。この著書もかなり売れて収入をもたらしたが、著者自身の気に入らなかったとみえて、チャーチルはそれ以来小説の筆をとらず、もっぱらノンフィクションにしぼった。

一八九八年、イギリスはエジプト・スーダンを支配するため軍事行動をとった。騎兵隊士官として、同時に『モーニング-ポスト』紙の特派員として従軍することができたチャーチルは、オムダーマンの戦いで奮戦した。そこでは千古の謎を秘めたナイル川にそって、灼熱の太陽のもとに騎兵の突撃が展開したが、のちに彼は第二の戦記『河畔の戦争』を書き、前作に続いて文名をあげた。

ところでチャーチルは軍人としての出世よりも、父のあとをついで政界に出る決心を固めた。一八九九年、二四歳の彼は軍を去り、七月にマンチェスターに近いオールダムで保守党から補欠選挙に立候補するも落選したが、この年は彼の人生の第一章が終わり、第二章に移ったときといえる。しかし政治家として活動するまえに、彼の波瀾に富んだ一生のうちでも特筆されるべき事件が起こった。

❖最大の冒険

一八九九年一〇月、イギリスは南アフリカのボーア（ブール）人の国、トランスヴァール共和国、オレンジ自由国に対する戦争を始めたが、チャーチルは再び『モーニング-ポスト』紙の従軍記者として南アフリカにおもむいた。一一月中頃、前線に出た彼はボーア人のゲリラ戦に引っかかり、戦闘員とされて捕虜になってしまった。収容所に入れられたチャーチルは脱走

脱走に成功し、大歓迎をうけるチャーチル

のチャンスをうかがい、一二月のある夜、これを果たした。そして一軒の家にたどり着いたが、幸い主人はトランスヴァールに帰化したイギリス人であり、自分がつとめていた炭坑の穴のなかに逃亡者をかくまった。

そのころ、チャーチルに関するビラがあちらこちらに貼り出されていた。

「イギリス人、二五歳くらい、身長約五フィート八インチ、体格は普通であり、前かがみに歩き、色青白く、頭髪は赤茶、ほとんど気がつかないくらいの口ひげ、鼻声でSの発音がまずい……」

そののちチャーチルは、このビラを思い出しては腹を立てていた。とくに自分にかけられた懸賞金が安かったことが、

気に入らなかった。脱走してから数日後、チャーチルはある貨車にひそんで国境をこえることができた。その貨車がトランスヴァールの平原を横断して行くとき、通過した駅名を全部、彼はのちのちまで順番を間違えずに暗記していたという。そしてある駅に着いたとき、車輌のすき間からのぞいて見ると、プラットホームにいるポルトガルの役人の制帽が目にうつり、駅名もポルトガル語だった。ポルトガル領アフリカに出たのである。

チャーチルは現地のイギリス領事館に迎えられ、やがてイギリス領に帰還したが、脱走の失敗が伝えられていただけに、彼はまるで凱旋将軍のような待遇をうけた。帰国したときも大歓迎をうけ、ミュージックホールでは、「ご存知ウィンストン=チャーチルにつき、とやかく申すには及ばない、いま最新の最も偉い通信員……」というような歌まで流行した。

しかしその後、主として政敵からこの脱走について、脱出計画を共同でねりながら自分だけがそれを実行して、他の捕虜の迷惑をかえりみなかったと非難されたことに注目しておこう。それはともかく、この事件はさらにチャーチルに幸いをもたらした。その人気がさめない一九〇〇年の秋に選挙があり、彼は二五歳で初めて下院に選出されたからである。

ところで話はかわるが、この一九〇〇年、チャーチルの母すなわちランドルフ＝チャーチル卿の未亡人は四七歳で、ある年下の軍人、自分の息子とほとんど同年輩の軍人と再婚している。この結婚は約一三年続いたのち夫人は離婚しており、それは不用意で不適当な結婚ともいわれるが、新しい夫が妻の借財を払ったということもあるので、何か金銭的事情があったのかもしれない。さらに夫人はそれからもう一度、息子よりも三歳若いある役人と結婚している。なお彼女は一九二一年に病死した。

❖大急ぎの若者

ウィンストン＝チャーチルが政治家としての第一歩をふみ出した一九〇一年は、ヴィクトリア女王の六〇数年に及ぶ治世が終わった年である。したがって彼は、エドワード七世治下の議会で活躍することとなった。当時のイギリス政界は保守党、自由党に二分されていたが、労働代表委員会（のちの労働党）が一九〇〇年の選挙で初めて二人の当選者を出していることに注目すべきであろう。

若い議員としてのチャーチルは容貌、態度、動作、声など亡父によく似ていたが、若死するという点でも父に似ることになりはしないかと恐れていたらしい。そこで彼は非常に功を焦っており、「大急ぎの若者」とあだ名されていた。それだけに勉強もめざましかった。たとえば知人の別荘に招かれたおりにも、書物、書類、筆記用具類を入れた箱を持ちこみ、汽車のなかでも寸暇を惜しんで勉強をした。チャーチルはせっかちというべきか、几帳面《きちょうめん》というべきか、手紙をもらうと一両日中に返事を、しかもしばしば電報で出したという。文面はきわめて簡単か、あるいは長々と議論を展開するかし、電報の場合でも費用を惜しまず長文を送った。

チャーチルは六〇年をこえる議員生活で、ほとんど二千に及ぶ演説をしたそうであるが――したがって演説集も多い――彼の雄弁は天成ではなく、非常な努力や訓練によって達成された。若いとき彼は、演説の原稿作成に苦心することはむろん、場所をかまわず声高に練習した。彼は用意が整うと、草稿を新聞社に送ったりしたが、それにはしばしば彼自身の筆跡で「拍手おこる」などと書きこんであった。

ところでチャーチルは保守党に属しながら、政策の点でこれと対立し、むしろ自由党に接近するようになっていった。ついに一九〇四年五月、彼は自由党に移った。その理由は、彼の現実的で明敏な政治感覚が保守党にかわって自由党の時代がくることを察し、またこの自由党のほうが自分の政治的野心を達成できると計算したからに相違ない。尊敬する父ランドルフ＝チャーチル卿に冷たかった保守党に対して、息子が報いた一種の仕返しもあったかもしれない。ともかく彼は「変節者」の非難をあびることは覚悟のうえで、「進歩とは変わることだ」などと豪語しつつ、あえてこの行動に出たのである。

一九〇五年末、これまでの保守党内閣に代わってキャメル＝バナマン自由党内閣が成立し、翌年一月に議会が解散し、総選挙が行なわれた。その結果、自由党は多数を得て、ここに約二〇年の保守党時代が終わり自由党時代が始まることとなった。党を変えたチャーチルの判断は

植民省政務次官時代のチャーチル

的を射ていたといえよう。むろん彼もこの選挙に当選した。なお労働党は、このときかなりの議席を得たが、その党名を定めたのは一九〇六年であった。

一方、チャーチルは一九〇二年からランドルフ卿の伝記を書いていたが、それは一九〇五年末に完成し、翌年刊行された。そこでは父が当然とはいえ、あまりにも尊敬されているが、政治的伝記としては高く評価されており、またこの出版は多くの印税をもたらした。

一九〇六年にチャーチルは植民省政務次官となったが、彼を捕虜としたボーア人に自治を与えることに働いたことも何かの因縁かもしれない（一九一〇年南アフリカ連邦成立）。そして一九〇八年、ヘンリー＝アスキス自由党内閣が成立してロイド＝ジョージが蔵相になると、そのあとをついでチャーチルは商務院総裁として入閣した。

クレメンタイン＝ホジャー

このころ彼は、クレメンタイン＝ホジャーという女性と知り合った。彼女の亡父は家柄の良い軍人であり、母は貴族の出であった。クレメンタインは二三歳、「スタナー」とよばれていたが、これは相手を気絶させるほど美しいという意味で、すてきな美人をさす言葉である。しかもこの

「スタナー」は聡明で、人柄もしっかりしており、教養は豊か、政治にも関心を持っていたので、チャーチルのほうで大好きになってしまった。

これも父ゆずりで、思いつめるとあとへ引かないチャーチルは一九〇八年九月、盛大な結婚式にことを運んだ。新郎は三三歳。「私の最もすばらしい成功は、私と結婚するように妻を説きふせた手腕のほどであった」と記している。そして、クレメンタインは夫の長い生涯を通じて、この上もない伴侶となった。夫は結婚から二二年後の一九三〇年、その自伝『わが半生』を「……一九〇八年九月私が結婚し、それからずっと幸福に暮らすことになったとき」で筆をおいている。

一九一〇年に長女ダイアナが誕生したとき、ある同僚が祝いの言葉を述べつつ「きれいな赤ちゃんかね？」と聞くと、「まだ見たこともないようなきれいな子だよ」と商務院総裁が答えた。「では母親似だろうね？」と重ねて聞くと、ウィンストンはまじめくさって言った、「私にそっくりですよ」。

❖シドニー街包囲戦

商務院総裁時代のチャーチルの主な仕事は、一九〇九年に賃金問題や労働時間を調停する労資協議会や労働紹介所を設けたことである。当時自由党は社会立法を推進しており、チャーチ

車上の内相

ルは社会改革に熱中していたらしいが、これについては彼の先輩、年齢で約一一歳、議会人として八年ほど先輩の蔵相ロイド＝ジョージの影響も強いといわれている。

自由党としても、長いあいだの保守党政権で人心は飽き、一方では徐々に労働党が進出しつつあるとき、社会改革の政策を打ち出すことによって政権強化をめざしたわけであろう。したがってこれは一時的なものであり、チャーチルの「急進性」にしても、ほどなく生彩を失っていった。また彼は実際家らしく、政治・社会理論には関心がなく、彼にとって重要なのは、実行可能か否かということであった。

一九〇九年、蔵相ロイド＝ジョージは画期的な予算案を提出した。社会諸政策と海軍拡張費を含んだこの予算案の財源は、富裕者への課税、とくに地租の増大に求められた。大地主貴族を基盤とする貴族院は、庶民院を通過したこの予算案を否決し、議会は解散となった。しかし自由党は選挙に勝ち、貴族院も譲歩せざるをえなかった。ロイド＝

シドニー街の内相

ジョージたちはさらに貴族院改革、すなわちその権限縮減に着手したが、また民意を問う必要が生じ、一九一〇年に選挙が二度行なわれるに至った。そして再び自由党の勝利となり、貴族院もついに屈して一九一一年国会法が成立した。この庶民院の勝利によって、政界における地主貴族階級の勢力は後退することとなる。

むろんチャーチルは当選を続けていたが、一九一〇年の第一回総選挙後まもなく、三五歳で内務大臣に転じた。内相としての彼はまず刑務所の待遇を改善したが、これは彼が捕虜になったときの体験に基づいていた。内務省における彼の活躍振りは精力的であり、彼の下で働いたある事務官が書いている。

「……毎週一度、あるいはそれ以上も、チャーチル氏は冒険的で実現しそうもない諸計画をもって役所に来る。しかし三〇分も話していると、なお冒険的であるが、もはや実行も不可能ではない何ものかがあらわれてくるのであった」

ところで一九一〇〜一一年、イギリスでは物価騰貴、低賃金のためもあってストライキが続発したが、チャーチルはこれに対して強圧的な政策をとって、労働党から激しく攻撃され、両者の今後の対立関係が決定的となった。チャーチルはその生まれ、教育、経歴の上からも労働運動には理解がなかったといえよう。

内相時代の彼の性格を表わすものとして、「シドニー街包囲戦」がのちのちまで語り草となっている。一九一一年一月早々のこと、少し前に起こった某殺人事件の容疑者らがロンドンのシドニー街で警官隊に包囲され、銃火を交えることとなった。血気盛んな内相は、シルクハットに特製の外套という異様な服装で現場にかけつけて、野砲まで持ち出す用意をしたといわれる。「子供っぽい感情と大人の理性の奇妙な混合」と評される彼の性格の一端が示されているではないか。

事件の結果は警察側の予測と違ったうえ、内相の姿はカメラマンによって写され、新聞にものせられた。保守党は内相の有頂天の興奮振りや自己宣伝をもの笑いにし、その軽挙をきびしく批判した。次のような皮肉にとんだ意見もあった。

「……写真班が何をしていたかは理解できるが、内務大臣の姿がなぜそこに見うけられるかについては了解に苦しむ」

一つの大戦の試練

❖ドイツ帝国に抗して

一九一一年一〇月にチャーチルは海軍大臣となったが、当時ドイツ帝国の進出に対して、イギリスはその守りを固める必要に迫られていたため、この地位は重要であった。

一九世紀末以来、ヨーロッパ諸国が帝国主義政策、世界分割を進めるにつれて、諸国間には対立関係、あるいは協力関係が生じた。そして一九〇七年までに、独墺伊三国同盟と英仏露三国協商が成立した。この対立関係の中心はドイツとイギリスである。ドイツは工業国として急速に発展しつつ世界政策を積極的に推進し、海軍の大拡張に着手してヨーロッパの勢力均衡をくつがえそうとしており、ドイツこそがイギリスの経済力や軍事力、帝国主義政策を脅かす最大の敵であることが判然としてきた。

しかも世界分割の上で英仏に遅れているドイツは焦っており、その強引な行動は国際緊張を

右からロイド=ジョージ、アスキス首相、海相チャーチル

強めた。

たとえば一九〇五年および一一年、二度にわたってドイツはフランスが勢力をもつモロッコに干渉し、いわゆるモロッコ事件を起こした。この事件によってイギリスはますますドイツを警戒したが、チャーチルが海相に登用されたのはこうした情勢のときであった。

自分こそイギリスを守るのだと張り切ったチャーチルは、このドイツとの戦争を進んで求めたわけではないが、それを不可避と考え、イギリス艦隊を万全に整備しておくことを第一の任務とした。そして例によって彼は、その新しい職務に熱中する。このころがチャーチルの人生で最も幸福なときではなかったか、という見解もある。

しかし海軍に関する生半可な知識にもかかわらず、彼が専門的な細かい事柄にまで干渉して、部下たちを困らせたことも少なくなかった。前には軍事予算増加に反対したことがあるにもかかわらず、史上空前といわれる海軍予算案

石油燃料を軍艦に

を出して平然としているのもチャーチルらしい。そして一九一四年、はたして戦争になったとき、彼は艦隊の準備が完了していたことを誇るのであるが、この点では、彼は前任者が残した仕事の上に乗っかったにすぎないという批判も見受けられる。

海相としてのチャーチルが行なった画期的仕事は、フィッシャーの提案を生かして、軍艦の燃料を石炭から石油にしたことであろう。当時七〇余歳のフィッシャーはネルソン以来の提督といわれる人物で、一時は海軍省にもいたが、その強い個性が省内に対立を引き起こして引退していた。チャーチルはこの人物を相談役に招いたのである。

飛行場におけるチャーチル夫妻（1914年）

この石油燃料を確保するために、イギリス政府はイランにおけるのちのアングロ＝イラニアン石油会社と長期契約を結んだ。そしてイギリスは多額の投資によって、中東の石油企業を支配するに至った。

ついで海相チャーチルについて忘れられないのは、航空機の将来を見通してその育成に努力したことである。フランス人のブレリオがドーヴァー海峡の横断飛行に初めて成功したのが、一九〇九年のことであるから、当時はなお航空機の創生期にあった。この点チャーチルは、イギリス空軍の「生みの親」ともいうべきであろう。水上飛行機《シー・プレイン》、飛行《フライト》などの航空用語は彼の考案ともいわれているが、こうした用語までいちいち作らねばならぬありさまであった。

しかし一九四〇年夏、第二次世界大戦においてブリテンの島に対するドイツの猛爆撃を防ぎきって、ときの首相ウィンストン＝チャーチルに輝かしい名声を与えたのは、およそ三〇年後のこのイギリス空軍であったのだ。

❖開　戦

国際情勢は悪化し、一九一四年六月二八日にオーストリア＝ハンガリー帝国の帝位継承者夫妻がサラエヴォで暗殺されたが、この事件はセルビアの民族主義者たちによって計画されたものであった。このため、すでにきびしく対立していたオーストリアとセルビア間に戦争が起こり、八月初めまでにオーストリア、ドイツに対してセルビア、ロシア、フランス、イギリスが対抗する大戦となった。

チャーチルはイギリス参戦の強硬な主張者であった。戦争か、平和かにイギリスが揺れ動いているときに、首相アスキスは彼について「即時動員を要求し、きわめて好戦的」と記している。そして八月一日、ドイツがロシアに宣戦布告すると、この海相は内閣の承認なしに――ただし翌日それを得たが――自分の責任で艦隊の総動員を命じた。

八月三日、ドイツはさらにフランスに宣戦布告し、作戦上から中立国ベルギーに侵入した。イギリスはこれを機会に戦争にはいった。ヨーロッパ大陸の勢力均衡が崩されて一大強国が出現する恐れがあるとき、他の諸国と協力してこれを防ごうとするのはイギリスの伝統的政策である。八月四日、ベルギーの中立尊重を求めるイギリスの対独最後通牒の回答時刻（イギリス時間で夜一一時）を過ぎたときのことを、ダウニング街一〇番地（首相官邸）のありさまを伝えた文のなかで、アスキス夫人は書いた。

「……暖炉の上の時計がその時刻を告げた。真夜中の最後の鼓動が聞こえたとき、あたりは夜明けのような静かさであった。私たちはついに戦いにはいったのだ。私が寝室に行こうとして階段の下で立ちどまったとき、ウィンストン゠チャーチルが幸福そうな面持で閣議の部屋の二重扉に向かって大股に歩んで行くのが見えた」

ドイツ軍の急進撃に対し、一九一四年九月のマルヌ会戦において英仏軍はこれを阻止した。一方、東部戦線では八月末、ドイツ軍はタンネンベルクでロシア軍に大勝したが、戦線の崩壊とまではゆかなかった。この東部戦線におけるロシアの犠牲において、英仏はドイツに東西両面作戦の不利をしいることができたのだ。

この間、英仏露三か国は単独不講和を約し、これまでの協商関係は一つの連合となった。短期決戦を期したドイツの意に反し、一四年のクリスマスまでに戦いは終わるであろうという多くの人々の推測を裏切って、東西両戦線において戦争は長期化してゆく。これにつれて、交戦国の数もふえてくる。早くも一九一四年八月末、日英同盟を口実に日本が英仏側に加わって参戦したが、日本の主な目的は太平洋や中国におけるドイツ諸権益の奪取にあり、ヨーロッパへの出兵にはほとんど応じなかった。また三国同盟を破棄して連合国側にイタリアが参戦するにあたっては、一九一五年四月、英仏露とのあいだに戦後における領土分割の密約が結ばれた。

第一次世界大戦はその原因から帝国主義戦争の性格を示しているが、これらの参戦の動機や約束はこの戦争が依然として帝国主義的な領土分割の様相をもつことを物語るものであろう。

大戦におけるイギリス海軍の任務はまず陸軍の大陸派遣を擁護することであり、また本国の防衛、自治領やインドとの連絡、通商の援護、ドイツ艦隊の出撃に備えて北海方面の警戒等々、地味だが重大な仕事にあたった。そして戦争中を通じてイギリス海軍は制海権を維持して、これらの任務を果たしたのみならず、ドイツ艦隊の活動を封じ、その在外商船や植民地を押さえ、またドイツに対する海上封鎖をも行なった。後述するように独英海戦も行なわれたが、ドイツはついにイギリスから海上権を奪うことはできなかった。この結果、ドイツはもっぱら潜水艦作戦に頼ることとなった。

一方、イギリスの装甲車は塹壕《ざんごう》をこえることができない。もっと力が強い装甲車は作れないであろうか。そこでチャーチルはあのタンク（戦車）の考案を始め、その作製を命じたが、「ウィンストンの愚行」とよばれるほどの執着であった。こうして海軍の液体燃料、航空機、タンク、すなわち「現代戦の諸条件に大変革をもたらした」三つのものに、彼は深い関係をもっている。

しかしチャーチルのこのタンク熱は、一面からすれば逸脱ではないか。タンクが一体海軍大臣に何の関係があるのか。彼に根強い反感を抱いている保守党側の風当たりは強かった。また作戦上でも海相の職務をこえるような言動が見受けられた。こういうチャーチルに自由党さえも不信の念、厄介者の感を持ち始めた。彼の政治力、行動力には一目おくとしても、人々はその思い上がった態度、傲慢さ、自信過剰、出しゃばりを不快に思うようになった。つまりチャーチルは、人間的にはいささかあくが強い性格で、自由党内でも嫌われ、敬遠される存在となっていった。

❖ダーダネルスの悲劇

しかし、その後しばらくは無事に過ぎた。チャーチルはフィッシャーを海軍省の要職に任用し、緊密な連絡のもとに活動した。二人は協力して四八時間海軍省につとめ、「万年時計」と自称していた。フィッシャーは早朝四時に起きて午後早々仕事を打ち切り、朝遅く起きるチャーチルがこれをうけついで、次の朝まで執務する。チャーチルは赤インクで、フィッシャーは青インクでそれぞれ覚書を記したが、これは船の左舷と右舷との明かりを模したものであったという。一九一四年一二月、南太平洋フォークランド沖でイギリス海軍が、当時この方面で活動していたドイツ艦隊に勝利を得たのは、チャーチルとフィッシャー協力の時期のことであった。しかし、やがて二人は意見の相違を招きつつ、ともに海軍省を去るのである。

すでに戦前から独墺と深い関係にあったオスマン帝国は一九一四年秋、この独墺側に加わるこ

ガリポリに上陸した歩兵部隊

ととなった。そこで戦局打開のためダーダネルス海峡を突破して、兵をオスマン領に上陸させ、英仏とロシアとの連絡を容易にしつつ、進んでバルカンを制圧して東南方よりオーストリア、ドイツを攻撃する作戦が浮かんできた。チャーチルもオスマン領攻撃が戦争の早期終結であると考えていた。

同時にチャーチルを中心とする政府首脳の一部は、政治的理由のために作戦に積極的であった。すなわちイギリス海軍の主導下に行なわれるこの作戦によって、イギリスの中近東支配を拡大、強化しようという意図である。ロシア側のある資料もこれを指摘している。

一九一五年初めから、チャーチルはダーダネルス作戦に熱中したが、劇的な脚光をあびることを最も得意とする彼としては、まことに本懐ともいうべき仕事であり、まさしく「歴史の舞台」に躍り出るときとも考えられた。フィッシャーを含めてこの作戦に疑問を抱く人たちの反対を、チャーチルは押し切ってしまった。

しかし一九一五年二月から陸海軍をもって行なわれた作戦は、イギリス軍のガリポリ半島上陸を実現したものの、オスマン側の予想外の抵抗や攻撃の遅滞などもあって結局失敗し、全軍撤退となった。もしそれが成功していたならばオスマン帝国は降伏し、ブルガリアはドイツ側に参戦せず（事実は一九一五年一〇月参戦）、ロシア革命は避けられ、戦争は早く終わり、何百万もの人命が救われたかもしれない。しかしこれは一つの仮定にすぎず、ダーダネルス進攻は一場の悲劇として終わった。

❖画家誕生

当然、チャーチルは激しい非難をあびた。当初から作戦に乗り気でなかったフィッシャーの辞任に続いて、一九一五年五月、海相の地位に執着を抱きつつ、チャーチルも解任されることとなった。これには次のような事情もからんでいた。情勢上、自由党は保守党との連立内閣をつくる必要が生じたが、この連立の条件として保守党は、いまなおチャーチルの脱党をうらみに思っているがゆえに、海相の交替を要求し、自由党はこれを受諾したのである。

一九一五年五月末に成立したアスキスを首相とする第一次連立内閣で、チャーチルはランカスター公領総裁の地位を与えられたが、これは一種の無任所相で実質的な職務はなく、ロイド＝ジョージによれば「ふつう内閣の新参者か、あるいは老衰した著名政治家にまわされる地位」なのである。

ダーダネルス作戦がいよいよ打ち切られると、一五年一一月チャーチルは閣僚の地位を退く決意を固めた。そして西部戦線に志願して出征し、戦争そのものに憂さを晴らすこととなった。

彼がフランスへ上陸する前日、その邸宅に立ち寄ったある友人が書いている。

「この軍人政治家が軍服に剣をつっているとき、家中はごった返していた。階下では忠実な秘書のエディー＝マーシュ氏が涙にくれており……二階ではランドルフ卿未亡人がすばらしい息子が塹壕《ざんごう》に追放されることを考えて、悲嘆のありさまであった。チャーチル夫人だけは冷静で落ち着いて、てきぱきと動いているように見うけられた」

画家ウィンストン＝チャーチルが誕生することになったのは、この失意のとき、ほんの偶然からであった。ある日曜日、子供の絵の具箱が目についたので、彼は何気なく筆をとって絵を描いてみた。やがて外出先から絵の道具一式を買ってきた彼はカンバスをはり、画筆を手にとったが、さすがに臆して白い画布を見つめたままであった。「絵ですか？　何をためらっていらっしゃるの？」そう言いながら、自分で絵筆をとって勢いよく描いてみせたのは、たまたま来合わせたレーヴァリー夫人だった。彼女の夫サー＝ジョン＝レーヴァリーは有名な画家である。

こうして一九一五年、一夏借りた農家の庭先や小道には毎日、膝までのクリーム色の上っぱりを着て、画架を立てているチャーチルの姿が見られた。日光の強い日には、彼のかたわらの地上に大きな日傘が立っていた。この趣味で彼はまもなく素人離れした腕前を示し、印象派の影響が認められるその絵は、専門家からも「将来きわめて有望」と折紙をつけられる。

しかし、彼にとって絵を描くことは何よりもまず慰みであった。

「本当に幸福であり、息災であるためには、人間は少なくとも二、三の気晴らしを持つべきだ。そして気晴らしは現実的なものでなければならない」、「絵かきこそ幸福だ。彼らは孤独にはならないから。線と色彩、平和と希望とが人生の最後まで、ほとんど最後まで、友だちでいてくれるであろうから」

❖前線にて

西部戦線におもむいたチャーチルは、一将校として部隊の指揮にあたった。戦線ではチャーチルらしい逸話が伝えられている。彼はまず将校たちを一人ずつよびよせ、握手しながら一言も口をきかずに頭から足まで見上げ、見下ろした。次の日、また将校たちを集めて、「諸君、われわれは宣戦する、蚤《のみ》に対して」と布告した。続いて彼はヨーロッパ産の蚤の「起源、生長、性質、習性、古代および近代の戦争における一要素としての重要性」を一席ぶち、一同はあっけにとられた。それから三、四日、蚤征伐という前代未聞《ぜんだいみもん》の戦闘が展開されたことはいうまでもない。

またチャーチルは、士官は戦場においても快適な生活をすべきだという見地から、ブリキをもって浴場を作ったり、酒やたばこを集めてきたりした。この将校が急速に人気を集め、部下たちの家郷への手紙がしばらくのあいだ、彼のことで一杯だったということも想像できよう。しかし同時に、チャーチルは何よりも戦争が好きで勇敢であった。

「戦争とは笑顔《えがお》をもって演ずべきゲーム」だと、彼がたびたび口にするのを聞いた一士官は、あるとき、夢見るような表情のチャーチルに「君は戦争が好きかね？」と話しかけられた。戦争が大嫌いだったこの士官は記している。

「……チャーチルはたしかに戦争が面白くてたまらなかったのだ。彼には恐怖心というものは全くない」

この前線でのある日のこと、彼は指定の場所へ出向くようによび出しをうけた。その日は雨、彼は泥んこになりながら、やりきれない気持ちでその地点へ行ったが、上官は待たせたあげくに自分から破約してしまった。夕闇迫るなかを、びしょ濡れになって陣営に帰ってきたチャーチルの顔を見るや否や、兵士たちはその幸運をたたえた。彼の不在中にその塹壕が破壊されたのである。彼はのちに書いた、「……個人の生涯についてもそうだが、ことに人生の強烈な形態である戦争では、『偶然』はすべてのヴェールをかなぐり棄て、人間、事件を支配する独裁者として立ちはだかるのだ……」。

しかしチャーチルの戦争に対する情熱にもかかわらず、政治によせる郷愁は耐えがたいものがあった。また前線でも本国でも、彼の才能、人物を理解して、戦場に埋もれていることを惜しむ人々も現われた。チャーチルは一九一六年六月ロンドンに帰ってきたが、その少し前の五月三一日に、大戦中の唯一といってもよい大海戦らしい海戦が、英独のあいだにユトラント沖で起こった。双方にかなりの損害が生じたが、戦局を決するような戦いではなく、ドイツ艦隊はその後は大規模な出撃を行なわず、依然として潜水艦作戦に出るのである。

一方、一六年七月にソンムの会戦が始まった。同年二月からのドイツ軍のヴェルダン総攻撃も多くの犠牲者を出したのみで成功しなかったが、ソンムの戦いは逆に英仏連合軍の総攻撃であった。しかし、連合軍は大きな犠牲を払ったにもかかわらず、わずかに前進できたにすぎなかった。すでに毒ガスはドイツ軍によって使用されていたが、イギリス軍のタンクが登場したのはこのソンム会戦である。

航空機による戦闘、空襲も小規模ながら行なわれるに至った。こうした近代戦は当然、物量の戦いであり、生産力の戦いである。これほどの長期戦を予期していなかった交戦諸国は、いずれも軍需品の消費に生産が追いつかず苦しんだが、開戦当時のイギリスではとくに甚だしかった。この軍需工業の振興に活躍したのは軍需相ロイド＝ジョージであったが、その背後には、従来の職場を離れて、軍需産業に労働力を提供した多くの国民があったことを忘れてはならない。

一九一六年一二月にアスキスは首相を辞し、ロイド＝ジョージがこれに代わって第二次連立内閣が成立した。この間のくわしい事情はさておき、戦時指導者、しかも困難な戦局に面した大英帝国の指導者として、アスキスはいささか積極性を欠き、穏和すぎたのだ。これに対して新首相は国民の志気を鼓舞し、これを統率してゆくにふさわしい情熱と感覚とを備えていた。

親友ロイド=ジョージが首相となったことはチャーチルに有利であり、一九一七年七月に彼は軍需大臣に復活した。保守党はむろんのこと、労働党から敵視され、自由党からも不信の念を抱かれている当時のチャーチルとしては、ロイド=ジョージの友情こそ貴重なものであった。そしてチャーチルは戦争末期、首相の最良の協力者としてこの年長の友に報いた。

❖ヴェルサイユ体制

チャーチルの入閣のときより約三か月前、一九一七年四月にアメリカ合衆国がドイツを敵として参戦した。ヨーロッパに戦争が始まって以来アメリカは中立を維持していたが、経済援助によって英仏側に接近するにつれて戦局の推移に重大な関心を抱き、ついに参戦によって英仏側の勝利を確実にすることが必要となった。しかも、一九一七年初めからのドイツの無制限潜水艦作戦は、アメリカを刺激するとともに参戦の口実を与えた。反面、ドイツがアメリカの戦力を軽視していたことは否定しがたい。

ところで軍需相チャーチルは「水を得た魚」のように活動し、とくに仕事の能率向上につとめた。また彼は任務上、西部戦線に行くこともあったが、戦争好きの彼は軍需相としての必要以上にこの職権を利用して幸福感にひたっている。

「私はことごとくといってもよいほど、戦争の後半の重要な戦闘に出くわした」

当時まだ、航空機による往来は危険性を多分にもっていたが、これがまた冒険好きの彼にはたまらないスリルであった。空中で事故が生じて、絶望的と感じられた場合も一度や二度ではなかったようである。そんな目にあって恐ろしくはないかと聞かれて、「こわくはない。私は人生を愛しているが、死を恐れてはいない」と彼は答えた。

一九一七年一一月(ロシア暦一〇月)の社会主義革命によってロシアに成立したソヴィエト政権は一八年三月、独墺側と単独講和を結んで戦線から離脱した。この優位を背景として一八年春、ドイツ軍は西部戦線で総攻撃を試みたが、英仏軍はこれを撃退したのみならず、この年の夏アメリカ軍の来援のもと反撃に移り、九月末ドイツ参謀本部は戦局の前途に見切りをつけ、政府は休戦の交渉にはいった。このとき多年の戦争に倦《う》み疲れたドイツ国民のなかから、帝政に対する革命が生じた。ドイツの敗北を決定づけたのはこの内部的な崩壊である。一一月一一日、ドイツの共和制新政権は連合国と休戦した。ドイツの味方であるオーストリア、オスマン帝国、ブルガリアもこのときまでに屈服していた。

休戦後およそ一か月で総選挙が行なわれた。結果は連立内閣派が多数を制したが、その多くは保守党であり、自由党は連立派と反連立派に分裂していた。この自由党の状態はその後の党勢不振の一因となる。また、このとき男子が最初の普通選挙権を行使し、さらに婦人が資格制限つきながらも、イギリス史上初めて選挙に参加した。戦争中、男子に伍《ご》して著しく社会的に進出し、多くの職場で働くに至った婦人に対して、従来から盛んであった婦人参政権の要求を政府は無視することができなくなった。そして婦人の普通選挙はやがて一九二八年に実現する。

一方、一九一九年一月からドイツに対する講和会議がパリで開かれ、六月ヴェルサイユ条約が成立した。それは国際連盟規約、ドイツに対する本国領土の一部割譲、海外植民地や利権の喪失、軍備制限、戦争責任、賠償支払いなどを含むきびしい条約であった。

このヴェルサイユ条約のほかに、連合国は他の敗戦諸国ともそれぞれ条約を結んだが、これら諸条約によってイギリスはドイツ植民地やオスマン属領の一部などを獲得し、賠償をうる権利をも得た。また戦後、民族自決に基づいて東中欧に新興国家が生まれたが、それらの成立にあたっては英仏の利害関係が強く働いていた。さらに実現した国際連盟においても、戦後孤立政策にかえったアメリカが参加しないという不測の事態が生じたため、英仏が中心となってこれを動かすに至った。

主としてヴェルサイユ条約その他の諸条約によって作られた戦後の体制を、ヴェルサイユ体制と称するが、それは戦勝国中心のものであり、大戦の真の原因である帝国主義的な点については反省が加えられなかった。

❖対ソ軍事干渉

一九一八年末に成立した第三次連立内閣において、チャーチルは陸相兼空相の地位についた。その仕事はまず軍隊の復員を監督することであったが、こういう地味な仕事は性格にあわない。しかし実は、彼が情熱を注ぐ対象がほかにあったのだ。問題は大戦中にさかのぼる。

一九一七年、ロシア革命によって成立したソヴィエト政権は、前述のように単独講和して戦争から脱落した。このためドイツは東部戦線の兵力を西部戦線にまわすことができるので、それだけ英仏側は不利となる。そのほかにもソヴィエトは英仏を刺激する政策をとり、しかもこの新政権は資本主義諸国にとって対立する勢力であり、「ボルシェヴィズム（共産主義）の病毒感染」について、警戒しなければならない。

そこでロシアに干渉して、資本主義と東部戦線を再建する他の政権をもりたてる必要が生じた。当時ロシア内部では、反ソ諸勢力が内乱を起こしている。こうして大戦がまだ終わらない一九一八年、英仏米日などの諸国はこれら反ソ諸勢力を援助しつつ、ロシアに対する出兵を行なうに至った。

西欧で戦争が終わった一九一八年末、この対ソ軍事干渉はむしろ強化された。ソヴィエト政

対ソ軍事干渉に右往左往

府は全力をあげて内外の敵に対抗するとともに、諸国に共産主義革命が起こることを期待した。当時こそ――パリ講和会議が開かれていたときであるが――ドイツに、ハンガリーに、バルカン方面に革命が相次いで起こりそうな情勢であった。一九一九年三月、モスクワにコミンテルン（共産主義者インターナショナル）が組織されたのも、こうした動きのなかであった。

チャーチルが精力を傾けたのはこの対ソ軍事干渉である。彼自身の言によれば「休戦以来、私の政策は『ドイツ人との和解、ボルシェヴィキ（共産主義者）の専制とのたたかい』……」であった。ロイド＝ジョージ首相は「……とくにチャーチル氏はそのダイナミックなエネルギーと天与の才を、ロシアのボルシェヴィキ政権に対する軍事干渉にうちこんだ」と書いている。チャーチルの反ボルシェヴィズムの言辞は極端であり、「ボルシェヴィズムは政策ではない、それは疾病《しっぺい》である。信条ではない、ペストである。それはペストの特徴をことごとく示している……」、「……レーニンはロシアの国家と国民が依存していたあらゆる制度を、悪魔につかれたような手腕をもって粉砕しはじめた……」とある。

当然、ソヴィエト側はチャーチルに対して敵意を燃やした。後年のことになるが、たとえばトロツキーは「チャーチル氏はペトログラードやモスクワが陥落する日を決めていた……彼こそ内乱の予言者、鼓吹者、組織者、財政上の後援者である……」と非難している。

この対ソ軍事干渉も一九一九年後半になると、ようやくソヴィエトの防衛が内外に功を奏するに至った。しかし、チャーチルの熱中は干渉の成功の見込みがなくなってもなお続き、彼は「ボルシェヴィキが強くなりすぎないうちにもっと協力して打倒しておかなかったことを、やがて諸列強は後悔するだろう」と言ったりしているが、これはその後も変わらない彼の確信である。

こうしたチャーチルについて、のちにロイド＝ジョージは書いた。

「反ボルシェヴィキ戦争の最も恐るべき、かつ無責任な主役はウィンストン＝チャーチル氏であった。疑いもなく、彼はコミュニズムを心の底から嫌ったのだ……彼の公爵の血がロシアの大公爵たちの絶滅に反逆して煮えくり返ったのだ」、「チャーチル氏は……ロシア革命を病的に嫌悪するあまり、専制政治を没落させた原因を公平に評価できなかった」

チャーチルの行動を支持するのは、一部の保守勢力にすぎなくなった。ましてボルシェヴィキと原則的には相容れないとしても、これを理解し、その「実験」を同情をもって見守っている労働党や労働者階級はますますチャーチルを敵視した。彼らのあいだには、すでに「ロシアから手をひけ」の運動も推進されていたのである。

一九二〇年代

❖植民相として

一九一九年から二〇年にかけて、干渉諸国はしだいに軍をロシアから撤退させ、内乱も鎮圧されていった。一方、ソヴィエト側の世界革命の期待も果たされなかった。すでにドイツやハンガリーの革命も失敗に終わっている。そして一九二〇年春、ソヴィエトと新興ポーランドとのあいだに国境をめぐって戦争が起こった。これは両国だけの戦いにとどまらない。

ポーランドの勝利によってボルシェヴィズムを封じこめることを望んだ英仏は、軍需上、財政上の援助を惜しまなかった。二〇年八月、赤軍は国境をこえてポーランドの首都ワルシャワに迫った。それは決定的な瞬間になったかもしれない。もし赤軍が勝利を得たならば、ボルシェヴィズムは中欧に進出して、ヨーロッパ赤化の足場をつくったであろうから……。

イギリスは軍需品援助に力をいれ、フランスは軍事使節団をも送ってワルシャワ防衛戦の指揮をとらせた。ポーランド軍も奮起し、ワルシャワ攻略を目前にして赤軍は退き、両国は和平する。一九一九〜二〇年、ヨーロッパをおそった赤化の波は後退した。チャーチルはこれをもって、対ソ軍事干渉の一応の成功とみなしているようだ。

なお、彼はその後、「ロシア人の最悪の不幸はレーニンの誕生であり、次の最悪の不幸はレーニンの死である」と書いているが、この大革命家が長生きしていたならば、ロシアの情勢が変わったかもしれないと考えるようになったとみえる。

一九二一年一月、チャーチルは植民大臣に移り、その関心はヨーロッパから西アジアに向けられることとなった。そこにはまた複雑な問題があった。戦前、オスマン帝国の属領であった西アジアのアラビア人地域に対して、イギリスは重大な利害を持っていた。それは大英帝国の中心であるインドへ至るルートであり、またその地域における石油に対する権益である。そして戦争中、イギリスはアラビア人の独立運動を利用して、オスマン帝国の弱体化をねらった。このためイギリスは戦後におけるアラビア人の独立支持を約した。

こうして一九一六年中頃からオスマン帝国に対するアラビア人の反乱が高まったが、それは名門ハーシム家のファイサルを中心として、有名な「アラビアのロレンス」らのイギリス軍人に指導されたものであった。ファイサルはイギリスの後援によって、アラビア帝国建設を夢みていた。

しかしイギリスは戦争中、一方でアラビア人地域の中心部、「豊饒《ほうじょう》な三日月地帯」を戦後イギリス、フランスで分割するという協定や、このアラビア人地域のパレスチナにユダヤ人が建国することに努力するという約束を成立させていた。後者は戦争遂行上、イギリス人がユダヤ人の勢力を利用するためであった。これらの相互に矛盾するオスマン帝国領分割に関する密約によって、戦後問題が錯雑したことはいうまでもない。

すなわちアラビア民族の要求を無視し、イギリスはイラク、パレスチナを、フランスはシリア、レバノンを、それぞれ国際連盟の委任統治領として支配することとなった。ファイサルのアラビア帝国の夢は破れ、不満を持ったアラビア人は反乱を起こして不穏な形勢が続いた。

チャーチルが植民相となったのはこうした情勢のときであり、アラビア人の反乱によってイギリスはその植民地政策を妥協的にせざるを得なくなった。一九二一年三月、チャーチルはカイロに「アラビアのロレンス」など当事者を招いて善後策を協議した。その結果ファイサルをイラク王に、その兄をトランス-ヨルダンの王としてハーシム家に報いた。また彼はパレスチナをめぐって、ユダヤ人とアラビア人とを調停することに尽くした。戦後イギリスのアラビア政策に強い不満を持ったロレンスも、チャーチルの努力には敬意を表している。

この植民相はアジアに引き続いて、アイルランド独立をめぐっても（一九二一年末アイルランド自由国成立）、調停役をつとめている。目立つ役割を演じたがる彼としては珍しく地味に、我慢強く、慎重に、イギリス植民地政策の代弁者としての役割を果たしたとみえる。

ただしチャーチルがまた好戦的な一幕に登場する問題が起こった。それはオスマン帝国とギリシアとの戦争に関連していた。敗戦国オスマンはあのケマル＝パシャを指導者として国力の再興をはかり、一九二二年ギリシアと戦うに至った。ギリシアを支持するイギリスはその劣勢をみて、オスマンと対決する姿勢を示して休戦に持ちこんだが、主戦論の先頭に立ったのがチャーチルである。またイギリスを戦争に追いこむのかと、政府の外交政策は攻撃され、とくに労働党はチャーチルを非難した。そしてこの問題はロイド＝ジョージ連立内閣に打撃を与えたが、その土台は戦後の情勢によってすでに揺らいでいたのである。

❖落選の悲哀

イギリスは最大の敵ドイツに勝ったとはいえ、その損害も大きく、とくに経済上の打撃は多大であった。戦争遂行のため海外投資は減少し、一般に産業は不振となり、情勢の変化によって海外市場も縮減した。また戦争を通じてイギリスはアメリカの債務国となり、一九世紀から二〇世紀にかけてのイギリス資本主義の繁栄期、大英帝国の黄金時代はこの第一次世界大戦をもって終わったといえよう。

一方、戦後世界的な民主主義の高揚のうちに、イギリスでも労働運動が高まったが、これに対してロイド゠ジョージ政府は軍事力を背景に、強圧的な政策をもってのぞんだ。そこには自由党が戦前の進歩性を失ったことが示されていた。事実、ロイド゠ジョージもチャーチルも、労働政策よりも社会主義攻撃に専念し、また自由党が連立政策上、議席の多数を占める保守党と接近したことは、ますますその本来のリベラルな性格を失わせる結果となった。

そして自由党が保守党と協力して、労働者や社会主義者と、その代表である労働党と対立することになれば、国民の支持も右の保守党と左の労働党に分かれてゆき、中間的な自由党はその存在理由を失い、自由党支持者の右は保守党に、左は労働党に移ってゆくのが道理であろう。

第一次世界大戦後の風潮の一つはロシア革命の影響もあって、世界的に労働者階級が政治・社会上に進出したことであるが、労働党はその要求にこたえる政党として形を整えた。一九二二年一〇月、保守党は自由党との連立打ち切りを決し、ロイド゠ジョージ内閣は辞任、後継のボナー゠ロー保守党内閣によって、一一月総選挙が行なわれた。

その結果は保守党の勝利であり、自由党は連立派と反連立派とをあわせても労働党の議席数に及ばなかった。翌一九二三年五月ボナー゠ローは病気で退き、ボールドウィンが首相となった。この一九二二年秋の選挙から現在に至るまで、自由党は政権の座を去り、イギリス政界は保守・労働両党の対立時代にはいった。

この選挙でチャーチルは落選した。彼の時代錯誤的な社会主義、共産主義の攻撃が選挙民の反感をかったらしい。こうして一九〇〇年に政界にはいって以来、彼は初めて議席を失い、その表現によれば「一瞬のうちに私は公務なく、議席なく、政党なく、そして盲腸もない身の上となった」のであるが、選挙のとき、彼は盲腸炎の手術後日も浅く、傷口も十分に治っていなかったわけである。

落選するとすぐ、病後のチャーチルは南仏のカンヌで静養した。明るい太陽のもと、彼は思うままに絵筆を持ってカンバスに向かうことができた。絵と同時に、彼は近くのモンテカルロ

落選！

で賭博に興じた。こうした気ままな生活の費用としては印税や講演収入のほかに、名門の出であるだけに親戚関係からはいってくる遺産があてられた。そのうえ、彼は多くの収入をもたらす大著の執筆にとりかかっていた。

それは『世界の危機』全六巻（一九二三～三一）である。以前より、彼はすでに大戦に関する諸文書、記録類を集めていたが、落選後の閑暇を利用してその執筆、というよりも口述に専念した。彼は、政治に失敗したのちの仕事は文筆であると考えていた。この世界戦記は「世界史に変装したウィンストンの自叙伝」などと評されるように、中立不偏を装いながらも、主観的な自己弁護が含まれている。しかし戦争遂行の責任者であるだけに材料は豊富であり、すぐれた筆力、豊かな想像力、構成力と相まって生彩ある著述を生んだ。彼はこの本から得た印税によって、ロンドンの近くのチャートウェルに広大な土地と邸宅を買うことができた。

その後チャーチルは多忙なときでも、この別荘で週末を過ごすことがならわしとなったが、ここで彼が煉瓦《れんが》積みに精を出したというのは面白い。彼は専門の職人とともに働き、建築労働者の組合にも加入したという。彼はこの技術を自慢していたが、初めて一人で作った煉瓦の塀については、次のような話もある。

これを彼は午前中の四時間で積み上げて、自信満々で昼食に行った。しかしこれを見た職人たちは、あきれて口もきけないありさまであった。それは塀というよりも煉瓦の山で、雨が

チャートウェルの邸宅

降ったら崩れてしまいそうだった。職人たちは昼食の休み時間をさいて、これをこわし、最初からやり直した。夕方、チャーチルは客をつれてきて得意になって説明した。

「たった一朝の仕事ですよ。ごらんなさい。このすばらしい出来ばえを」

煉瓦を積むチャーチル

❖保守党に復帰

　一九二三年五月に成立したボールドウィン内閣は内外諸政策につまずき、二三年一二月総選挙となった。保守党は第一党を占めることはできたが、過半数を制しえず、自由党の支持を得た労働党が二四年一月、マクドナルドを首相とする第一次労働党内閣を組織した。

　この選挙でチャーチルはまたも落選を味わった。彼は労働党を猛烈に攻撃したが、これには一つの目的があった。自由党の時代が去ったと判断したチャーチルは、その活路を保守党への復帰に求めたが、保守党がこの「裏切り者」をただちに受け入れる道理はない。そこで彼は労働党を激しく敵視することによって、これを支持する自由党から離れる理由づけを示すとともに、少しでも保守党に接近し、それによって何としても議員に復活したいと考えたのであろう。

　労働党政権は長く続かず、一九二四年一〇月末の総選挙の結果、保守党の大勝利となった。そしてチャーチルは待望の議員へ復帰したが、意外にも彼はボールドウィン新内閣で蔵相に就任したのである。これにはボールドウィンが、チャーチルとロイド=ジョージが組んで何かしでかすことを恐れて前者を重用しておこうとしたなど、当時の政界の事情がからんでいたといわれる。ともかくこうしてチャーチルの保守党帰参も実現したわけである。

それにしても同一人物が一生のうちに二度も党籍を変更するということは、珍しい例といわねばならない。そして今度は、彼は自由党にとって「変節者」となり、保守党としてもこの人物を全く信用することはできない。チャーチルが一部から、政治的名声のみを求める無節操な日和見主義者と目されたのも当然であろう。

父の死後およそ三〇年、いま同じ地位についた蔵相チャーチルは一九二五年四月、イギリスの金本位制復帰——それは大戦中に停止されていた——を声明して大きな反響を引き起こした。この処置はイギリスの金融界を活発化するもので、保守党を支持している大資本の要望であった。しかしこのためポンドの一割引上げとなったので、外国は急にイギリス商品に多くを支払わねばならなくなり、これは対外貿易に影響してその不振、したがっては産業界の不況をもたらした。そこで資本家は労賃引下げ、人員整理、労働時間延長などによって輸出品を安価にして海外市場を維持しようとした。こうして被害は労働者階級に及んできた。

この結果がイギリス史上有名な大ストライキである。それはまず炭坑業に始まり、一九二六年五月初め、諸産業——新聞、運輸、電気、ガスなどを含むゼネストに発展した。政府は「非常事態措置法」を発動して弾圧に着手したが、この労働者とのたたかいに人一倍はりきって戦闘的だったのは、いうまでもなく蔵相その人である。

「消防隊が火事とたたかっているときに、公明正大でおれるものか!」

娘メアリー（2歳）とともに

彼は政府側の情報を国民に知らせ、かつ世論を反ストライキに導く必要を感じた。しかし新聞はスト中である。では政府自体が新聞を発行すればよいではないか。そこでチャーチルは政府の日刊新聞『ブリティッシュ・ガゼット』発刊に着手した。昼間は蔵相官邸にあり、夜は新聞社にいて編集長の役をつとめたが、後年彼は「大きな新聞社、すさまじい印刷機械の音、それは第一級の戦闘と第一級の総選挙の結合を思い出させる」と、うれしげに語っている。

この新聞の報道はかなり一方的であったとみえ、編集長が自分の気に入らぬニュースをさし押さえているという非難の声もあがった。それだけに政府側の片寄った情報が国民に伝えられた可能性が強く、この点新聞がストを行なってみずからの口を封じたことは、労働組合側の失

敗とも評されている。五月一二日ゼネストは中止され、それは九日間で失敗に終わった。

ところで蔵相としてのチャーチルについては、大部分の伝記が――相当にチャーチルびいきのものでも――成功とは言っていない。寡婦《かふ》・孤児対策など、初期の予算には見るべきものもあったようだが、金本位制復帰とその結果が、彼の蔵相時代のあまりにも大きい問題だったようである。

この蔵相時代にも、彼は機会あるごとにソヴィエト政府に敵意を示しているが、その反面、反共ファシストの雄ムッソリーニに敬意を表していることは注目すべきであろう。一九二七年一月、休暇を利用して彼はイタリアを訪れ、すでに独裁権を握っていたムッソリーニと会見した。そして彼は、新聞記者たちにムッソリーニの人柄をたたえたのち、私がイタリア人であったならば、レーニン主義に対する諸君の輝かしいたたかいを終始心から支持したであろうと言い、イタリア-ファシズムがロシアの毒を防いだ功績は全世界に寄与するものだと称揚してい

労働者に話しかける蔵相チャーチル

る。これについて、イギリスの『タイムズ』紙は伝えた。

「……チャーチル氏はとくにファシスト運動の真の精神を理解したという点で歓迎された。イタリアの新聞によれば、これは他のファシズム観察者の多くが理解しなかった点である」

落日への傾斜

❖挙国内閣

一九二九年五月に総選挙が行なわれ、労働党は初めて第一党となって第二次マクドナルド内閣が成立した。チャーチルはこのとき当選はしたが、むろん蔵相の地位を退いた。

マクドナルド内閣は内外政策にかなりの成果をあげたが、一九二九年秋、アメリカ合衆国に始まった大恐慌がイギリスにも影響して、経済は混乱し、労働党はその本来の政策を放棄せざるをえず、総辞職となった。そしていわゆる挙国内閣が成立し、マクドナルドは首相としてとどまり、保守・自由・労働三党から入閣した。入閣に反対する労働党員はマクドナルドなどの裏切りを非難し、労働党は挙国内閣派と反対派に分裂することとなった。

挙国内閣は緊縮と増税とをもって収支の均衡、信用の維持に努め、また金本位制離脱、保護貿易政策を採用し、あるいは英連邦内に経済ブロックを形成した。こうしてイギリスは一九世紀中頃以来、約一世紀続いた自由貿易政策を最終的に放棄することになった。しかしこれをめぐって議会は解散され、一九三一年一〇月総選挙が行なわれた。

挙国内閣派は保守党を中心に五〇〇名を上まわって大勝し、労働党は五〇余名に転落した。新内閣は依然マクドナルドを首相としているが、保守党色がしだいに濃厚になってゆく。この内閣の諸政策によって一九三四年～三五年頃、景気は好転していった。

チャーチルは引き続き議席を確保していたが、挙国内閣には参加していない。蔵相を退いてからの彼は、前掲の自伝『わが半生』（一九三〇）や、のちに『わが思想・わが冒険』（一九三二）に収録されるエッセーなどを書いていたが、一方でインド問題に関係することとなった。

大戦中イギリスはインドの援助を必要としたため、漸次これに自治を許すことを約した。しかし戦後、イギリスの統治はインド人の期待を裏切ったため、インド民族運動が高揚することとなった。その指導者こそ国民会議派のガンディーたちであった。反英運動の拡大に対して、本国は妥協しつつ懐柔することを策し、連邦制や自治領的地位を与えようとする動きが生じた。各州の自治はともかく、こういう譲歩に反対したのはチャーチルを代表とする保守党の一派である。

チャーチルは、インド人が野蛮や専制から脱して現在のように文明化するに至ったのはイギリスの功績であり、インドはイギリスの統治を必要としており、あまりに譲歩すれば混乱や争いが生じ、ひいてはイギリスとインドとの関係に影響し、既得権益も失われると考えた。彼はとくにガンディーを攻撃し、その名を聞くだけで口角泡をとばして論難するありさまであった。

このように支配者として白人の優越を主張することは、当時の民族主義高揚のなかで時代錯誤的とみなされた。また、チャーチルがインドに譲歩しようとする政治家たちを、非愛国者、敗北主義者、腰抜けなどと非難したことも反感を招いた。彼は保守党を故意に分裂させて、ボールドウィンから党の指導権を奪おうという野心を持っているのではないかと、疑われたほどであった。彼はしだいに党内で、政界で孤立してゆき、その影響力も弱まった。

❖ナチスの台頭

一九三一年の第二次挙国内閣には保守党から多く入閣したが、彼は全くかえりみられなかった。このころ五〇歳の半ばをこえているチャーチルは、政治家としての生命を終えたものと考えられ、一貫した節操も主義もない出世第一主義の議会政治家の末路が残っているだけとさえ見られたらしい。彼の派手な演説や巧妙な政治的かけひきなども、議場を活気づけ楽しませてくれるものとしてのみ、もてはやされた。友人は少なくはなかったが、心服し信頼してくれる人は多くはなかった。

ここでも「政治」に恵まれないときの彼を、「文筆」が慰めてくれる。今度は偉大な先祖マールバラ公ジョン＝チャーチルの伝記である。その劇的な生涯はブレナム宮に秘められた数々の文書、資料に基づきつつ、専門の学者、陸海軍の関係者たちをも動員しつつ、『マールバラ、その生涯と時代』全四巻の大著に結実した。出版は一九三三年～三八年である。

一九三二年夏、彼は執筆上の現地調査のためドイツに出かけたが、そのときの一つのエピソードが伝えられている。マールバラ公の最も高名な戦勝地ブレンハイムを経てミュンヘンに着いたチャーチルは、あるホテルでたまたま居合わせた一紳士と言葉をかわした。紳士はヒトラー礼賛を一席ぶち、この人物が毎夕ホテルへ来るから会ってみてはどうかとチャーチルにすすめた。チャーチルは当時ヒトラーについてあまりよく知らず、会ってもよいと答えた。しかしその夕、ヒトラーはなぜかホテルに来なかった。

「……こうしてヒトラーは私に会う唯一の機会を失した。のち彼の全盛期に私はたびたび招待に接した。しかしそのときには多くの事柄が起こっていて、私の方で失礼してしまった」

同時にチャーチルのヒトラー印象記といったものが、後世に残らないこととなった。

ヒトラーがドイツの政権を握ったのは翌一九三三年一月のことである。

敗戦国ドイツはその復興への努力と諸国の援助によって、一九二〇年代末までに再建され安定してきた。しかし資本主義の基礎が弱く、外国に依存しているだけに、世界恐慌によるドイツ社会の混乱は大きかった。この情勢を利用したヒトラーのナチスは、既成政党の無力に乗じ、

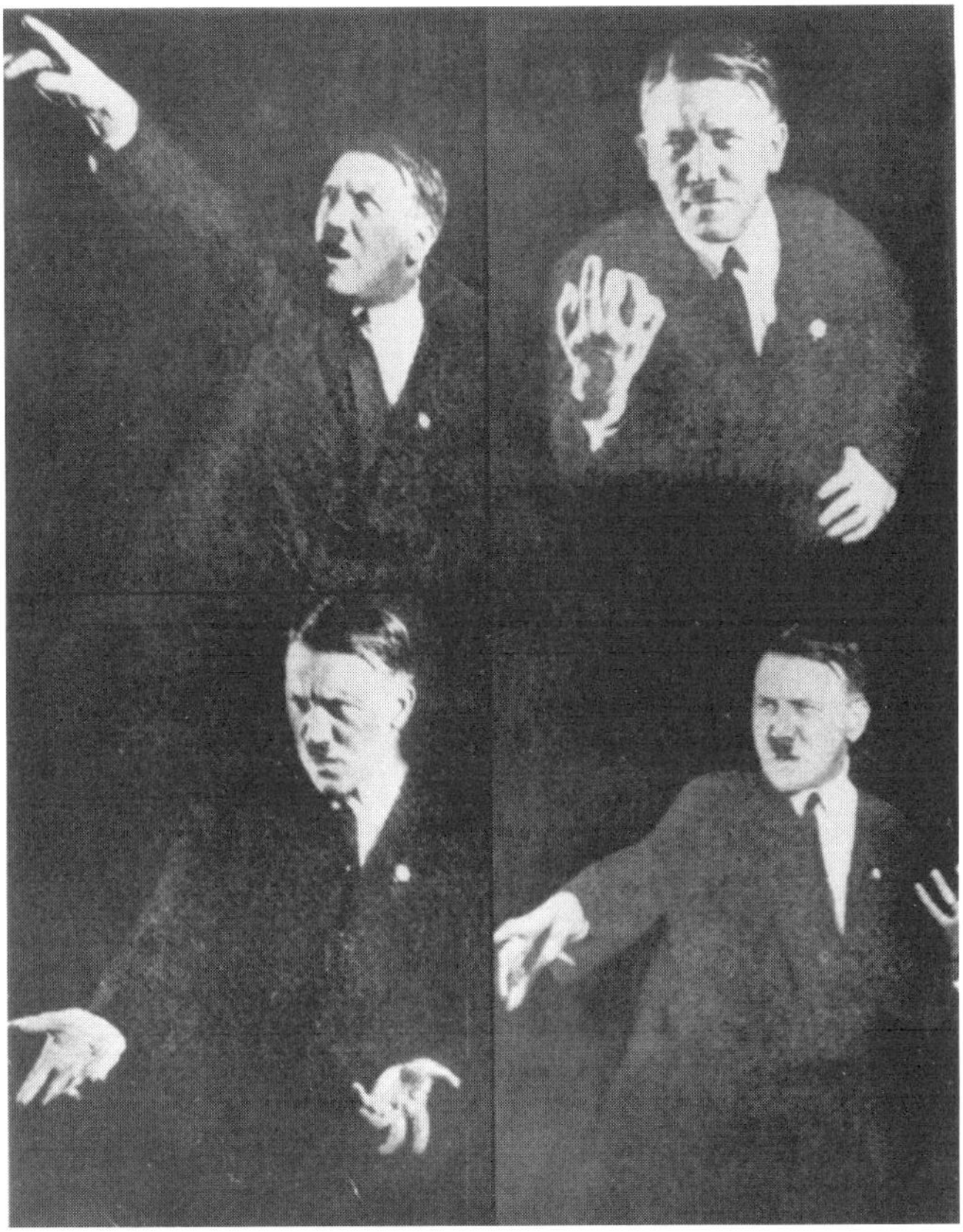

ヒトラー

また人心に訴える綱領や巧妙な宣伝力などによって政権を握った。そしてドイツは、一九三三年一〇月国際連盟より脱退、三五年三月ヴェルサイユ条約による軍備制限を廃棄して再軍備に着手する。

これより前の一九三三年三月、日本が国際連盟からすでに脱退しているが、それは満州事変の結果である。こうして東で西で国際秩序の動揺が始まった。

このころ大恐慌のため、イギリス人は国際問題より

書斎にて

も内政に大きな関心を抱き、したがってヒトラー政権成立の意味について理解していなかった。世論には平和主義が強く、また財政危機もあって、一般に軍備縮小の方向をたどっていた。

これに対し「武装しつつあるドイツ」を警戒して、イギリスの軍備充実を説いたのはチャーチルである。

彼は当時、一保守党議員にすぎなかったが、陸軍・海軍省や外務省などを通じて最新のニュースを得ており、また外国人、とくにナチス嫌いなドイツ人が彼のもとを訪れ、種々の情報を伝えたという。チャートウェルの別荘では電話が鳴りひびき、秘書たちは書類や地図を持ってとびかい、いつも活気に溢れていた。また次に戦争が起これば、決定的な役割を果たすのは空軍であると信じたチャーチルは、とくにこの方面の調査を進めていた。彼はドイツがヴェルサイユ条約で禁止されていた空軍を秘かに強化していることを知り、これを議会で警告したこともあった。しかしここでも彼は孤立していた。

当時イギリスの保守勢力はナチス-ドイツのヴェルサイユ条約破棄の主張に、無理からぬ点もあると考えた。したがってイギリスの国利、国益ときびしく対立しない限り、ドイツを一方的に押さえつけて刺激し、戦争の危険をおかすことは賢明でなく、またある程度譲歩してドイツの国力を強化し、これをソ連や共産主義勢力の防壁としたほうが有利と判断して、ドイツに対していわゆる宥和《ゆうわ》政策をとった。そのころイギリスでは、ナチズムが倒れたならばコミュニズムがこれに代わるだろうと考えた人々が多く、反ソ・反共を大きなスローガンとしているナチスが、ソ連と戦争することとさえ望む人々もあった。そして、フランスもだいたいこの宥和政策に同調している。

❖強硬か、妥協か

一九三五年六月、マクドナルド首相は引退し、ボールドウィンがその地位を受けついだ。新内閣は国民に信を問うため一一月に総選挙を行ない、挙国内閣派が大勝したが、新内閣の挙国的性格は薄らぎ、議席の面でも保守党政権と変わりがなかった。

チャーチルは引き続き当選し、新内閣に海相として入閣することが噂されたが、実現しなかった。対独強硬論を説く彼はこの一九三五年ころ、議会でも孤立した存在であった。彼が演説を始めると、退場したり、笑ったり、弥次をとばす議員も少なくなかった。

ところで、チャーチルの対独強硬論はどこに由来するのであろうか。元来、反ソ・反共の彼としてこの点だけに限れば、ムッソリーニに対する評価から推しても、ヒトラーによせる親近感は想像に難くないであろう。また彼は、ヒトラー個人に対して、次のような感嘆の辞さえ述べている。

「ヒトラー体制を嫌う人でも、彼の愛国的な偉業には賞嘆を惜しまないであろう。もしイギリスが敗北したと仮定するならば、わが国にもこうしたすばらしいチャンピオンが現われて、われわれに勇気をとり戻させ、われわれを諸列強の地位につれもどしてもらいたいものだ」

このチャーチルが対独強硬論を主張するのは、一つにはドイツがナチスのもとに再び強大化して、大英帝国の利益を脅かすことを恐れるからである。前述のようにヨーロッパ大陸における勢力均衡が一国によって崩されようとしているとき、これと対抗するのはイギリスの伝統的外交政策である。チャーチルのような現実政治家が反ファシズム、デモクラシー擁護というような抽象的、イデオロギー的な問題に先んじ、大英帝国の現実的利害関係において新たなドイツ帝国主義を警戒したとしても、それは当然であろう。もしナチスが反ソ・反共だけにとどまり、その侵略性がイギリス帝国主義と相対立する恐れがなかったならば、チャーチルはヒトラーを敵視する必要はなかったかもしれない。そしてナチスとのこの対立を、チャーチルは他の政治家よりも鋭敏に見抜いていたといえよう。

第二に彼の対独強硬論については、次のような見解もある。それは彼が再び脚光をあびる機会をそこに求め、ナチスからの脅威に対してイギリスを覚醒させ、これに対抗させてゆく過程において、彼は再び重要な公的地位を得るチャンスをつかもうとしたというわけである。ソ連を敵視したヒトラーはイギリスに対して必ずしも挑戦的ではなくて、妥協的であったという観点に立った場合、チャーチルの対独強硬論について、むしろ第二の見方を強調する人々もあるようだ。

ドイツの現体制打破の動きに続いて、一九三五年一〇月～三六年五月、イタリアはエチオピアを侵略し、これを支配下においた。国際連盟はこのイタリアに経済制裁を課したが、連盟の中心である英仏はイタリアに妥協的で、制裁も骨抜きとなった。連盟を支持したチャーチルはこの結果、失望を味わわねばならなかった。

イタリア－エチオピア戦争のあいだの一九三六年三月、ドイツはラインラント（ライン川左岸と右岸一部のドイツ領）非武装地帯に軍を進駐させて、さらに現体制に挑戦した。この非武装はヴェルサイユ条約によって、フランスの対独安全保障上決められたものである。したがってこのドイツの行動はフランスをきわめて不利にするものであるが、強硬手段に出てドイツと衝突することを恐れた英仏は、結局宥和政策をとって、ドイツの行動を黙認してしまった。チャーチルはドイツがラインラントを軍事化すると、とくにベルギー、オランダが脅かされることを警告したが、イギリスの保守層には「結局、ドイツ人たちは自分たちの裏庭にはいって行くだけだ」というような気持ちが強かった。

❖王冠をかけた恋

この宥和政策は、一九三六年七月から始まったスペイン内乱にも展開された。当時スペインには左翼諸政党を結集した人民戦線政府が成立していたが、フランコ将軍を指導者とする右翼勢力の攻撃、しかも独伊に援助されたその攻撃をうけて、政府は死活の危機に立っていた。この間独伊は接近して、いわゆる「ベルリン-ローマ枢軸《すうじく》」が形成され、枢軸国という言葉も生まれた。

このスペイン内乱に対して、英仏はスペイン人民戦線政府側の援助要請にもかかわらず、結局、不干渉主義に終始した。英仏は援助を始めると、独伊と衝突して内乱がヨーロッパ大戦に拡大することを恐れ、また人民戦線政府の勝利が、共産党指導下のスペイン共産化につながることを警戒したのである。

フランコ政権を反共勢力と評価するチャーチルは、とくに内乱の前半期には政府の不干渉政策を支持したが、彼がドイツからの脅威に注目しながら、国際ファシズム勢力の強化を軽視した点は批判されねばなるまい。ただし一九三六年ころまで、チャーチルは機会があれば閣僚に復帰したいと考え、このため政府と真っ向から対立しては不利という気持ちがあったようである。

この間チャーチルは「軍備と連盟規約」という立場で、国際連盟を中心に侵略に備えるとともにイギリスの軍備不十分を論じ、たえず軍備強化を主張していた。しかし軍備は一国の経済、財政のなかで云々されるべきもので、それだけ切り離して独走させることはできない。この意味では、チャーチルの軍備強化論は、イギリスの現実をあまり考慮せずに主張された点も少なくなかったらしい。それにしても独伊の侵略性に直面して、イギリス政府も一九三五、三六年ころ軍備の強化に着手する。

このとき生じたのがエドワード八世の退位問題である。一九三六年一月ジョージ五世は世を去り、エドワード八世が即位した。新しい王は、父王に比べて何かと派手で社交的であり、国民のあいだに人気が高く、当時四一歳でなお未婚であった。しかし、皇太子時代からシンプソン夫人という恋人があり、彼女はアメリカ人であるが、ロンドン社交界の花形で、すでに一度離婚しており、二人目の夫アーネスト＝シンプソンと離婚が成立したのは、この一九三六年で

皇太子エドワードとシンプソン夫人

あった。したがって彼女は別居中とはいえ、夫のある身でエドワード八世と交際していたわけだ。

王はボールドウィンにシンプソン夫人と結婚したい意を告げた。しかし英王室の尊厳を重んずる首相は反対し、またイギリス国教会方面、保守党、諸自治領などにも反対が強かった。ボールドウィンは王に結婚を断念するか、然らずんば退位して結婚するかを迫った。

このときエドワード八世はチャーチルから援助を得たいと望んだ。イギリス王家に忠実なこの臣下は王を前から親しく知っており、「個人として最高の忠誠を捧げる義務を感じた」。またこの問題は彼のロマンチシズムに訴えたし、一方ではボールドウィンに対抗する意地もあった。家族や友人がとめるのも聞かず、彼は渦中にはいっていった。

チャーチルは王の結婚はともかく、退位には賛成できず、この問題にしばらく冷却期間をおくべきで、いますぐ結婚か、退位かと結着を急ぐことは賢明でないと考えた。王にも国民にも「忍耐と猶予」を要請したわけである。しかし興奮している政界にあってチャーチルはほとんど孤立無援であり、また一種の王党派をつくって勢力回復を目指すのではないか、とその政治的野心を疑われた。

ついに一九三六年一二月一〇日、エドワード八世は全国民に向かって放送し、愛する女性とともにいなくては王の務めを果たしえないために、王位を弟ジョージ六世に譲ることを告げた。この告別の文章にはチャーチルが手をかして、荘重な名文に書き改められたといわれる。そして王はウィンザー公として一九三七年六月、王位を捨てた結婚にふみきった。世界の世論も、イギリス人の良識をたたえたが、国民はこの退位に対して王の死にもまさる悲しみと沈黙とにとざされたという。

退位問題の巧妙な処理によってボールドウィンの名声が高まったのに反し、チャーチルの政治生命も終わったと一般に考えられるようになった。もし第二次世界大戦が起こらなかったならば、彼の名はイギリス史の一隅にとどまるにすぎなかったかもしれない。

II

ヒトラーとの対決

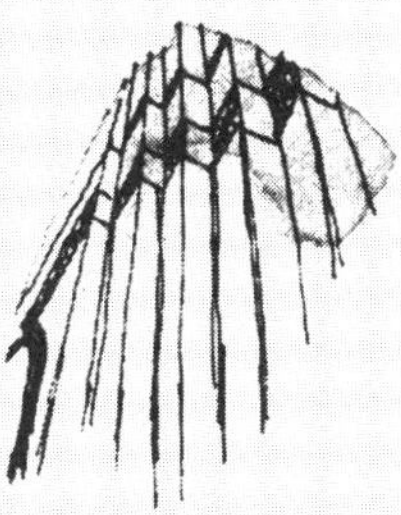

「事実は夢よりもまさっている」

❖ミュンヘン協定

一九三七年七月、日中戦争が始まって、日本の中国本土への進出は本格化し、日独伊の接近によって、いわゆる「ベルリン-ローマ-東京枢軸」が形成された。この間イギリスでは一九三七年五月末、ボールドウィンが引退し、ネヴィル=チェンバレンが首相となった。彼は独伊に対して宥和主義者であり、強硬派のイーデン外相はこの首相と対立して一九三八年二月辞職したが、これはチャーチルを失望させた。

一九三八年三月、ドイツは宿望のオーストリア合併を実現した。これはヴェルサイユ条約の条項を破り、ドイツの勢力を拡大させることである。しかし英仏はこれを黙認し、続いてドイツの目標はチェコスロヴァキアに向けられた。

ヒトラーはドイツ人居住者が多いズデーテン地方の割譲をまず要求し、そのためには戦争を

ミュンヘンから帰ったチェンバレン

も辞さない強硬さである。チェコは仏ソと相互援助条約を結んでいるので、ヨーロッパ戦争となる可能性が強い。このときチェンバレン首相はズデーテンを犠牲にしても、平和を維持しようと努力し、フランスもこれを支持した。

こうして一九三八年九月二九日、イタリアの調停によってミュンヘン会議が開かれ、ズデーテンをドイツに即時割譲するミュンヘン協定が英仏独伊間に結ばれた。チェコの代表もミュンヘンにきて、会談に招かれることを期待していた。しかしようやく招かれたときには、彼らは相談もなく決定されたミュンヘン協定に同意しなければならなかった。

一方、このズデーテン問題が起こったとき、ソ連は早くから国際会議開催を主張しており、またチェコを援助する用意もあったという。一九三〇年代、日独伊の進出につれてソ連はすでに英仏への接近政策をとっていたのであり、三八年九月初め、ソ連駐英大使マイスキーから武力行使の意を聞いたチャーチルは、この旨を政府に伝えたが取りあげられなかった。ソ連を無視した西欧側は、これに相談することなくミュンヘン協定を決めてしまった。当然ソ連は英仏に強い不満を抱き、共産主義を恐れる英仏は反ソ・反共のドイツを東方へ、やがてはソ連へ侵略に向かわせるのではないかと疑った。

それはともかく、西欧は戦争が回避された喜びでわき返った。しかしチャーチルはそうではなかった。彼はすでに独墺合邦に際してイギリスの奮起をうながし、あるいはドイツに対抗すべき英仏ソ「大同盟」などを提唱していたが、チェンバレンはこれに対しても冷淡であった。そしてチャーチルはミュンヘン会談に先立って鋭く指摘した――いま脅かされているのはチェコだけではなく、すべての国の自由とデモクラシーであり、「小国を狼に投げ与えることによって安全が得られると信ずることは、致命的な妄想である」と。

さらに議会で、ミュンヘン協定をめぐる論議が行なわれたときにも、チャーチルは「われわれは完敗を喫した」と論じ、次の言葉を続けられないほどの怒号に直面した。むろん協定は議会で承認されたが、チャーチルは三、四〇名の保守党員とともに棄権を選んだ。

内外に戦争屋チャーチルを非難する声が高まり、パリではウイスキーの飲みすぎによって、正常な思考力を失ってしまったというデマまで流布された。

❖不必要な戦争

一九三九年三月末、マドリードの降伏によってスペイン内乱は人民戦線政府の敗北に終わった。同じく三月、ドイツはチェコの内紛に乗じて、その全体に勢力を拡大してしまった。ミュンヘンにおける妥協と譲歩は、ヒトラーをますます増長させたのだ。いまとなってはイギリスもドイツのヨーロッパ支配に対抗する決意を固め、チェンバレンも従来のような対独宥和政策を持続することはできない。

しかもドイツは次の目標として、ポーランドをねらっている。英仏はポーランドに、続いてルーマニア、ギリシアに援助を保障したが、それはこの方面へのドイツの進出に備えてのことである。そしてポーランドはドイツの領土的要求を拒否し、英仏の政策変更によって戦争の危機が迫った。このときソ連の動きが重要な鍵となる。

もし英仏とソ連とのあいだに何らかの同盟が形成されれば、ドイツは東西両戦線で二面作戦をしいられることとなり、その行動は押さえられるであろう。チャーチルもこの英仏ソの同盟を期待し、これにアメリカの支持を得てドイツに対抗することを構想していた。

そしてソ連はこの同盟に積極的であったが、英仏のほうにはどうしてもソ連を嫌う動きがあり、たとえばチェンバレン首相自身もそうであって、軍事同盟形成にふみきれなかった。

ON YOUR FEET FOR HOURS ?

ZAM-BUK

Daily Herald

MONDAY, SEPTEMBER 4, 1939

SAUSAGES GO BETTER WITH H-P SAUCE

WAR DECLARED BY BRITAIN AND FRANCE

We Have Resolved To Finish It—PRIME MINISTER

GREAT BRITAIN DECLARED WAR ON GERMANY AT 11 O'CLOCK YESTERDAY MORNING.

Six hours later, at 5 p.m., France declared war.

Britain's resolution to defend Poland against Nazi aggression was described by the Ministry of Information in one of its first announcements, as follows :—

"At 11.15 this morning (Sunday) Mr. R. Dunbar, Head of the Treaty Department of the Foreign Office, went to the German Embassy, where he was received by Dr. Kordt, the Chargé d'Affaires.

"Mr. Dunbar handed to Dr. Kordt a notification that a state of war existed between Great Britain and Germany as from 11 o'clock B.S.T. this morning. This notification constituted the formal declaration of war."

Navy Fully Mobilised

WAR CABINET OF NINE

Unthinkable We Should Refuse The Challenge

—THE KING

Broadcasting last evening from his study at Buckingham Palace, the King said:—

POLES SMASH WAY INTO E. PRUSSIA

OFFICIALS in Warsaw stated late last night that the Polish army has smashed a way across the Northern border into East Prussia, after driving the Germans from several Polish towns in bitter fighting.

On the Northern Front the Poles are reported to have defeated the German effort to drive a barrier across the upper part of the Corridor, by driving the Germans back across the border.

London Hears Its First Raid Warning

LONDON was calm yesterday when it heard its first air raid warning.

This is the official statement issued by the Air Ministry :—

BLACK-OUT TIME TO-NIGHT—7.40

宣戦布告！

「ミュンヘン」を忘れられないソ連はこの英仏のようすを見て、英仏は結局ドイツを東方へ、ソ連へ向かわせるのではないかという疑惑を捨てることができなかった。

一方ヒトラーは、もしソ連と接近できれば、英仏は戦意を失い、援助が困難なポーランドを見捨てるのではないかと考えた。英仏とソ連との交渉のかたわら、ドイツとソ連の交渉が進められ、一九三九年八月二三日に独ソ不可侵条約が成立した。ナチス-ドイツと共産主義ソヴィエトとは、これまできびしく対立していたので、全世界はこの条約に驚いた。なおこの条約には、東ヨーロッパにおける勢力範囲をとり決めた秘密議定書が付属していたといわれる。

チャーチルはのちに、「ロシア人の政策は冷血だが、このときは高度に現実的だった」と評し、また「ロシアの行動は謎だ、しかしそれを解く鍵はあろう、この鍵はロシアの国家的利害だ」とも書いている。

この条約で有利になったドイツは一九三九年九月一日、

ポーランド攻撃を開始した。このときヒトラーは英仏がドイツと開戦しないことを期待していたが、イギリスはドイツの際限がない勢力拡大を許すことはできなかった。そしてフランスもイギリスと行動を共にせざるをえない。九月三日、英仏はドイツにポーランドからの撤退を求める最後通牒を発し、それが容れられなかったとき、相次いで戦争にはいった。

こうして第二次世界大戦は現状維持派の英仏と現状打破をめざすドイツとのあいだで、ヨーロッパにおける勢力争いとして始まった。この場合、ナチス-ドイツのファシズム、独裁的全体主義に対して、英仏側が自由と民主主義防衛を旗じるしにしたことはいうまでもない。

なお後日のことであるが、アメリカ大統領ルーズヴェルトからこの戦争を何と呼ぶか、一般に意見を求めていると聞かされたとき、チャーチルは言下に「不必要な戦争」と答えたという。それはこれほど防止することが容易であった戦争はなかった、という意味においてである。しかしこの「不必要な戦争」こそが、ウィンストン＝チャーチルに栄光の座を与えたのだ。

戦争直前、破局への空気がまだ重々しく漂っていたころ、ロンドンのさる劇場でチャーチルと会ったある女性が伝えている。

「……彼はちょっとのあいだ腰をおろすと、前おきもなく問題の核心にふれた、『われわれは戦争をしなければならんでしょう……英帝国はどかんとくらわすでしょう……そこで私は……そこで私は……そう、二〇歳も若返るような気がしますよ！』――彼は水から上がった犬のように楽しげに体をふるわせた。そして開幕となったので、自分の席へ帰っていった」

❖待望の組閣

一九三九年初夏のころ、ロンドンの町々にはすでに、「チャーチルは帰らねばならぬ」と書かれた数千枚のポスターがはりつけられ、また数多くの青年男女が同様なプラカードを掲げて議事堂の前を往来した。チェンバレンは、「チャーチルの機会（入閣する）は戦争の可能性がふえるにつれて多くなり、減ずるにつれて少なくなる」と記し、チャーチル自身も入閣の用意があった。

はたして開戦とともに、チェンバレン首相は彼を海軍大臣に任じた。こうして六四歳のチャーチルは、かつて自分がいた同じ海軍省の部屋に再び姿を現わすこととなった。海軍省は全艦隊に打電した——「ウィンストン復帰」。そして海相チャーチルは長時間の勤務で精力的な働きぶりを示し、海軍の戦時体制への切りかえ、新艦建造、通商の保護、ドイツの封鎖などにつとめ、とくにドイツ潜水艦の奇襲作戦に対処した。

またチャーチルは入閣するとすぐにアメリカ大統領ルーズヴェルトと通信を始めた。米英協力、英語国民の協調はチャーチル年来の主張であり、彼はチェンバレンがアメリカを等閑に付したことについても批判的であった。そして通信は戦争を通じて五年半くらいで、一千八百通

再び海軍省に

近くに達するのである。チャーチルが大統領にあてた手紙に、「海軍人」（首相となってからは「前海軍人」）と署名していることも、彼らしい一種の稚気を示すものといえよう。

ところで英仏はポーランド援助のために参戦したのであるが、一九三九年九月末、このポーランドは開戦後四週間たらずで降伏した。英仏としてはいわば戦う意味はなくなったのではないかと考えたヒトラーは、英仏との和平策に出たが、これは成功しなかった。

しかし西部戦線では独仏ともに攻勢に出ず、活発に動いたのはソ連であった。ソ連はドイツに加わってポーランドを分割したのち——これは独ソ不可侵条約の秘密付属議定書を、少し変更しているが——エストニア、ラトヴィア、リトアニア三国の併合に着手し（一九四〇年夏実現）、さらにフィンランドへの進出を企図したため、一九三九年一一月末から両国間に戦争が始まった。赤軍は意外な抵抗にあって苦戦したが、四〇年三月ついにフィンランドは屈服する。

冬のあいだ戦備を整えたドイツは、一九四〇年四月九日デンマーク、ノルウェーに侵入した。ノルウェー救援に送られたイギリス軍は敗退し、五月七日、八日、チェンバレンは議会できびしく責任を問われた。内閣は二八一対二〇〇、すなわち八一票の差で形式的には信任を得ることはできたが、実質的にはもはや命脈は尽きていた。

ノルウェー作戦にはチェンバレンより、実はチャーチルのほうが密接に関係していたが、戦前からの対独宥和政策や開戦以来のもたつきはチェンバレンの人気を落としてしまったのだ。

とくに労働党がこの首相との協力に消極的となった。では後継者はだれか？

五月九日、チャーチルは自分に政権がまわってきそうなことを見通し、これによって「私は興奮もしなければ驚きもしなかった。それが最良の策だろうと思った。私は満足してことの成り行きにまかせた」と自信満々であった。

しかし後継者としてチャーチルは有力ではあったが、実はチェンバレン自身も、保守党員の多くも、そして国王ジョージ五世も、必ずしもただちに彼を新首相に推したわけではない。彼以上に有力であったハリファックスが任にたえずと考えて辞退し、なおも首相の座に固執しようとしたチェンバレンがついに退陣せざるをえなくなったとき、後任はチャーチル以外にはありえないこととなった。このとき一部を除いて労働党のほうが保守党よりも、チャーチルを支持したといわれるから皮肉ではないか。

五月一〇日、ドイツ軍はオランダ、ベルギーに侵入を開始した。その夜、組閣の任はチャーチルにくだった。バッキンガム宮殿の国王のもとから海軍省に帰ってきた彼は、祝辞を述べる側近に語った。

「それがどんなに大きな仕事か、神だけが御存知だ。私としては遅きに失しないようにと念ずるのみだ。本当にそれが気がかりだ。われわれは最善をつくすことができるだけである」

しかし回顧録『第二次世界大戦』のこの部分は、だれしもが引用せずにはおれないような誇

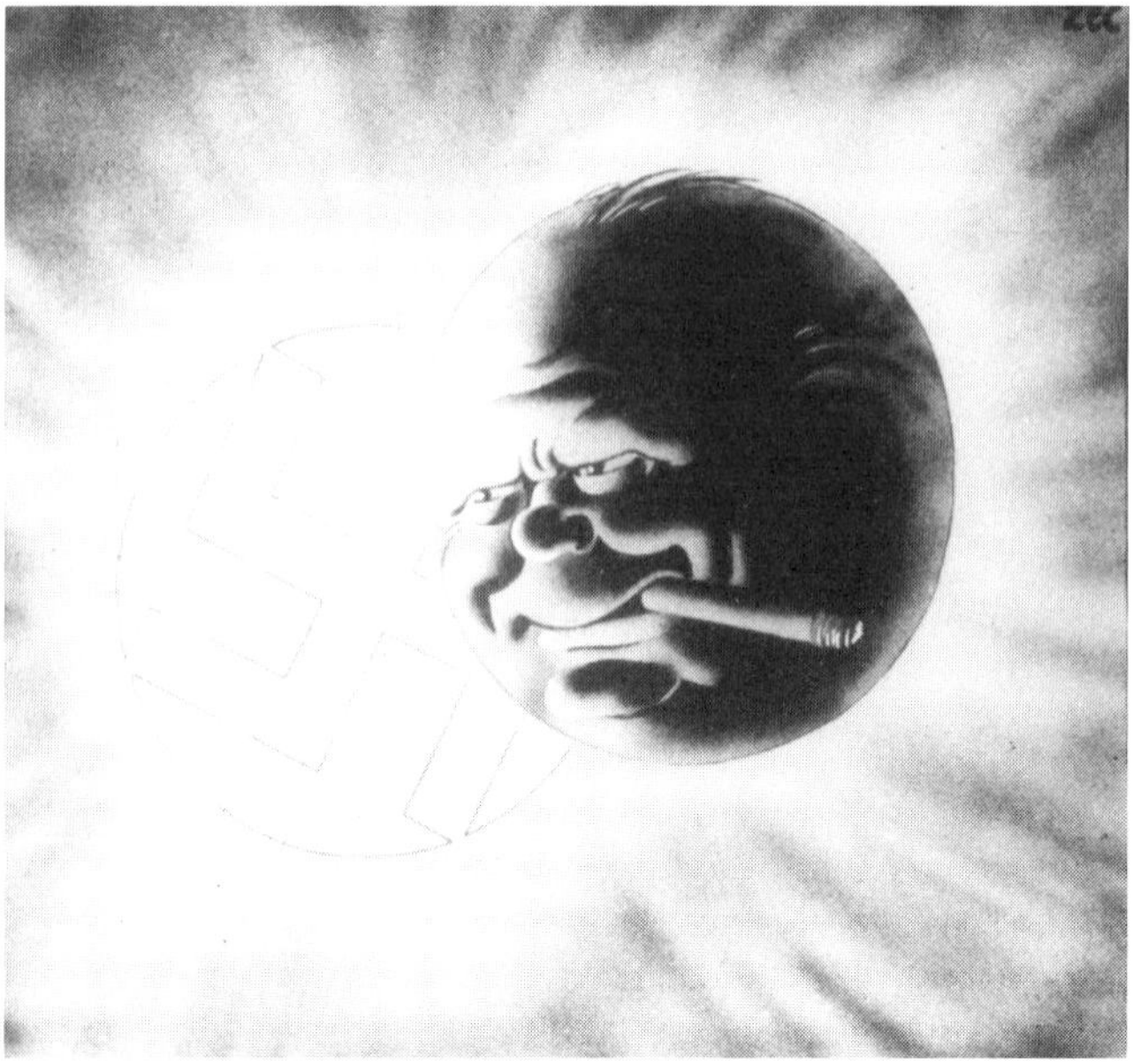

ナチズムをさえぎって

らしげな自負と、秘められた闘志に満ちた文章で終わっている。

「……ついに私は全局面を指導する権限をえた。私は運命とともに歩んでいるかのように感じ、またこれまでの全生涯はこのとき、この試練のための準備にすぎなかったという気がした……過去六年にわたって私が発した警告は数多く、かつ詳細なものであり、しかもいまや驚くほど正しさが証明されたので、だれひとりとして私に反対できる者はいなかった。戦争を起こしたこと、あるいは戦争の準備が不足であったことについて、だれも私を非難することはできなかった。私は戦争に関して多くのことを知っており、そして失敗しないという自信があった。それゆえに私は翌朝が待ち遠しかったけれども、その夜は熟睡し、元気づけられるための夢も必要としなかった。事実は夢よりもまさっている」

❖ダンケルク

新首相は労働党の協力を得て、少数精鋭をもって戦時内閣を組織したが、アナイリン＝ベヴァンら少数の労働党員は、チャーチルをチェンバレンに劣らぬ反動政治家、帝国主義者、労働党多年の敵として協力を拒否した。なおチェンバレンも一九四〇年一〇月の引退のときまで（これによってチャーチルは保守党党首となった）、内閣に協力し、対独強硬派のイーデンも、少しのちに外相として入閣した。

首相チャーチルは国防相をも兼ね、行政上の権限はむろんのこと、陸海空全軍の指揮権をも握って戦争遂行に乗り出した。「絶対王政以来イギリスがもった最も独裁者に近い人物」といわれるが、彼のような自己中心主義者にはきわめて活動しやすい体制といえよう。その自信たるや、すさまじい。

「……国家の危急存亡に際して、いかなる命令をくだすべきかを心得ていると確信している人物、その人物が権力を握ることは天のたまものである」

五月一三日、臨時に召集された庶民院においてチャーチルは、新政府に対する信任投票を要求し、いまなお人々の記憶に残る名演説を行なった。

ダンケルク撤退想像図

「……すでに閣僚諸氏には述べたところであるが、議会に対しても申したい。『私が捧げることができるのは、ただ血と労苦と涙と汗だけである』……われわれの目的は何かと、諸君はおたずねになるのか？ひとことでお答えできよう。勝利、いかなる犠牲をはらっても勝利、あらゆる恐怖にたじろがずして勝利、道がどれほど長くけわしかろうとも勝利、なぜならば勝利なくしては生き残りえないからである……そこで私は申しあげよう、『さあ、力を一つにしてともに進もうではないか』」

しかし戦局は不利であった。オランダ、ベルギーは相次いでドイツに屈し、「フランスの戦い」となった。

さかのぼって一九四〇年三月、英仏間に

一つの協定が結ばれていたが、それは両国に単独講和のみならず、相互の同意なしに休戦の交渉を進めることを禁じていた。この協定はフランス首相レイノーがイギリス政府に提唱したものであるが、閣議、議会、軍部などに相談されておらず、レイノー独走の気配が濃厚であった。こうした重大な協定がこのように無造作に成立したのは、当時フランス自体があれほどもろく敗北するとは予想されず、むしろ敗れたドイツが英か仏に単独講和を求める場合、これに応じないで、共同して対処するという点に重きがおかれていたというから皮肉である。

こうした英仏の筋書とは逆に、ドイツ軍の「電撃戦」はめざましく、フランスが信頼していたマジノ要塞も突破された。この要塞は一九二七年から三六年、独仏国境に構築されたもので、これを推進したマジノの名に由来するものである。

五月二八日、敗走する英仏軍はダンケルクからイギリス本土への撤退を開始した。このダンケルク撤退作戦、すなわち「ダイナモ作戦」は六月四日まで続行された。駐英アメリカ大使ケネディは「奇跡のみがイギリス遠征隊を全滅から救うであろう」と本国に打電したが、まさしく奇跡的にこの作戦は成功した。ドイツ空軍の攻撃をうけながら、動員しうるすべての艦船はむろんのこと、民間人の船、ヨットのたぐいまで利用しつつ、英仏両軍あわせて約三四万人が救出されたのである。

ただしこの成功には、ヒトラーが戦車攻撃を一時停止したことが幸いしたといわれている。

ヒトラーの決定については、イギリスとの和平を望むためこれに徹底的な打撃を与えることを避けたとか、あるいは空軍だけによる攻撃に自信を持ち、したがって戦車の被害を少なくしようとしたのだとか、その後いろいろと臆測された。

ともかく救出された将兵のうち約一四万はフランス軍将兵であったが、このフランス軍はイギリス兵を脱出させるために後方を防衛した形となり、それから彼らが乗船しようとしたときはすでに遅く、多数がドイツ軍の捕虜となった。このためダンケルクはフランス国内の親独派によって、国民のあいだに反英感情をあおるために利用された。

❖フランスの敗北

六月四日、チャーチルはこの敗退を議会で報告しつつ、「イギリスのブルドッグ」とよばれるにふさわしい闘志を示した。

「……われわれは海で、大洋で戦い、高まりゆく自信と力とをもって空で戦い……海岸で戦い、野で街で戦い、丘で戦い、決して降伏しないであろう。たとえ――一瞬たりとも私は信じないところであるが――この島が、あるいはその大部分が占領され、飢えにさらされようとも、海のかなたのわが帝国は英海軍によって武装され、防衛されて戦い続けるであろう。いつか機会をえて、新世界がその全力をあげ、旧世界の救援と解放のために進みでるときまで」

戦うイギリスの象徴

チャーチルの大演説中でも代表的なものの一つに数えられているこの演説に、新世界、つまりアメリカ合衆国へのよびかけが表明されていることは注目すべきであろう。前大戦後、孤立主義に立ち返っていたアメリカは、ヨーロッパに再び戦争の危機が生ずるにつれて、これにまきこまれることを恐れ、一九三五年八月「中立法」を成立させた。しかしドイツや日本などの侵略が拡大するにつれて、ルーズヴェルト大統領を中心とする英仏支持派の発言力が強くなった。一九三七年ころから、大統領は日独伊を非難する態度を明らかにしている。

一九三九年九月、ヨーロッパに戦争が始まると、アメリカは中立政策をとったが、その年一一月中立法の改正が行なわれ、いわゆる「現金・自国船条項」が設けられた。これは交戦国が自国船による現金取引きで武器や軍需品を購入する場合、アメリカはその要求に応ずるというものである。この場合、アメリカの援助をうけるのは英仏側であり、こうしてアメリカは参戦こそしないが、実質的にはドイツに対抗する状態になっていた。

一方、大戦勃発のときに参戦すべくして参戦しなかった一国がある。それはイタリアであり、戦備が不十分であることを理由に、ドイツとの軍事同盟（一九三九年五月成立）を守らなかった。しかしドイツの華々しい戦果を見て、ムッソリーニはじっとしていられなくなった。早くしないと戦争が終わってしまい、したがって講和会議に列席できず、「獲物」が得られないと考えたのだ。そしてイタリアは六月一〇日、英仏と戦うに至った。これについてルーズヴェルトは痛烈に批判している。

「一九四〇年六月のこの一〇番目の日に、短剣を握った手は隣人の背にそれを突き刺した」

しかし結果的には、これはイタリアにとって、ムッソリーニにとって大失敗となるのである。

こうして独伊に攻めたてられたフランスでは、一四日にドイツ軍がパリを占領し、すでにこの首都を離れていた政府はボルドーに移った。このころ英仏間で激論がまじえられたのは、イギリス空軍の対仏救援の問題であった。フランス側は、イギリスがその全空軍力を「フランスの戦い」に投入することを求めたが、イギリス側はもはや敗北が決定的な戦いに空軍を使用することを避け、きたるべきドイツのイギリス本土攻撃に備える決意を変えなかった。

ある英仏会議の席でレイノー首相は「後世の歴史が、フランスの戦いは航空機の不足のために負けたということは疑いない」とまで言って、チャーチルに迫った。ところがこの同じレイノーがのちに、もしチャーチルがこのときイギリス空軍を全部動員していたならば、彼は最大の失敗を演じたことになったであろうと述懐したことは、イギリス側の非情なリアリズムが的中したといえよう。

ともかくフランス休戦の事態が切迫したとき、イギリス側は思い切った一つの提案、すなわち英仏結合案を提出した。これは英仏を一つの連合体にまとめて両国民に同一の市民権を与え、外交・財政・経済などに関する共同機関を設け、また単一の戦時内閣が指導にあたるというような内容である。

チャーチルはフランス政府に「何か生気のある刺激的な新しい事実」を与えて、これに戦争を続けさせたいと考えたとみえる。しかしこれほど重要な内容をもつ提案を、実は内閣だけで決定したことは一時の便法とはいえ、チャーチルの越権と評せられるかもしれない。しかも期待に反して英仏結合案は逆効果であった。レイノー首相ら、フランス側でも抗戦派はある程度関心を示したが、休戦派は「フランスを保護国化するか、あるいはフランス植民地帝国をさらってゆく陰謀」などと非難して、この案をうけつけなかった。

すでにフランスには敗北主義が濃厚であり、イギリスの敗戦も時間の問題と考えられていた。「三週間もすれば、イギリスはにわとりのように首をねじきられるだろう」とか、イギリスと結合することは「死体と連合する」に等しいというような考えが、フランス側には強かった。

六月一六日、レイノー内閣はついに休戦に傾き、首相は辞任し、一七日、新首相ペタンはドイツに休戦を打診するとともに、その必要を国民に訴えた。ペタンは前大戦の勲功によって国民的英雄になっていたが、すでに八〇余歳である。二二日、仏独休戦条約成立、二四日、仏伊休戦条約成立となった。ペタン政府はまもなく非占領地域のヴィシーに移り、フランスはペタンを国家主席として全体主義的な体制をとり、ドイツと協力することとなる。

このフランス国民に対して一九四〇年一〇月、チャーチルは英語とそして必ずしも流暢《りゅうちょう》ではないフランス語で放送したが、そのなかにはまた感動的な名句があった。

「ではおやすみ、安らかに眠り、夜明けに備えて英気を養われたい、夜明けはきっと訪れるであろうから。朝は勇者と誠実な者には輝かしく、大義のために苦悩する者にはやさしく、英雄の墓には神々《こうごう》しく、その光りを注ぐであろう……」

❖ド＝ゴール登場

「フランスの戦い」にあたって対独抗戦の継続のため、とくにフランス政府の北アフリカ植民地移転のため、イギリス側との交渉に努力していたのがド＝ゴール将軍である。六月一六日夜九時半、ロンドンからボルドーに帰来したド＝ゴールは、レイノー退陣、ペタン組閣を聞き、イギリスへの亡命を決意した。一七日午前九時、彼はイギリスのスピアーズ将軍を見送るふりをして小型の飛行機に近づき、それが動き出すと、とびこんでドアを閉じてしまった。

「飛行機はフランスの警官と役人たちがあっ気にとられているあいだに空に舞い上がった。ド＝ゴールはこの小さな飛行機でフランスの名誉を運んでいった」と、チャーチルは回顧録に記した。

翌一八日午後六時、ド＝ゴールはB・B・C（イギリス放送協会）を通じてフランス国民に呼びかけた。彼はこの戦争が世界戦争であり、いまは敗北したフランスがやがて立ち直り、米英と協力して勝利をうる確信を告げ、次のように結んだ。

「最後の言葉はまだ言われていない……フランスはひとりではない……抵抗の炎は消えてはならないし、消えることはないであろう」

六月二八日、イギリス政府はド＝ゴールを自由フランス国民の長と認め、この自由フランスの抵抗運動は軍事上、経済上、イギリスの支援のもとに発足することとなった。しかし七月末、自由フランスの兵員は辛うじて六千ないし七千にすぎず、ド＝ゴール自身不在のまま本国の軍法会議で死刑を宣告されるありさまであった。彼がロンドンに着いたときの自分について、「唯一人何も持たずに泳いで大洋を渡ろうと海辺に立つ男のように、われとわが身を感じた」と書いているのは、偽らざる心境であったであろう。

ド＝ゴールの放送と同じ六月一八日、チャーチルは議会で訴えた。

「……いわゆるフランスの戦いは終わった。いまやブリテン（イギリス）の戦いが始まろうとしている……もしわれわれがヒトラーに立ち向かうことができれば、全ヨーロッパに自由が訪れ、世界中の生命は広々として陽光照り輝く高地に進み出るであろう。もしわれわれが敗北すれば、アメリカ合衆国を含めて……全世界は新しい暗黒時代の深淵に沈むであろう……それゆえに勇をおこしてわれわれの義務を遂行し、もし英帝国とその連邦が今後一千年も続くならば、人々が次のごとく言うように行動しようではないか、『これこそ彼らの最も輝かしいときであった』」

この「彼らの最も輝かしいとき」は『第二次世界大戦』第二巻（一九四〇年の部分）の題名に用いられており、「血と労苦と涙と汗」などと並んで、チャーチル快心の一句であろう。

イギリス海峡を飛ぶスピットファイアー

❖ヴィシーとフランコ

フランス休戦にあたり、英米が最大の関心を抱いたのはフランス艦隊の動向であった。それが独伊の支配下にはいる危険性が多分にあったからである。ついにチャーチルは「彼の政治生活のうちで最も賢明でないとしても、最も大胆な決断」と評される行動に出た。「女のようにフランスを愛する」といわれたチャーチルのことであるから、まさに断腸の思いであったであろう。彼は断を下したあとで落涙した。すなわち一九四〇年七月初め、イギリス海軍は西北アフリカのオランやダカールで、有力なフランス艦隊を攻撃し、これに大打撃を与えたのだ。

この事件の目的および効果はまず軍事上にあるが、同時にイギリスの断固たる非妥協性を示す点にあった。いや、この作戦は軍事的であるよりも、むしろ心理的であったという見解も生ずる。たとえばチャーチルはのちに、ヴィシー政府も信用できなかったが、イギリスが降伏するだろうと信じていた世界中に対して、戦う意志があることを行動で示すつもりであったと語っている。また、彼はこの作戦は内政上必要であった、国民に最後まで戦うことをわからせたのがこれだ、とも言った。

それは内外の世論を刺激するという点では、とくにアメリカに対して効果的であり、アメリカの援助を期待しているチャーチルとしては大きな目的を果たしたといえよう。しかしフランス側に与えた反響は当然ながら最も甚大で、ヴィシー政府の一部には対英軍事報復の声が出たほどである。結局、慎重派がこれを押さえたが、ヴィシー政府は七月五日、イギリスとの外交関係を絶つに至った。

こうして正式の国交は絶えたが、その後しばらくイギリスはヴィシーと交渉を保つように努め、その間アメリカ国務省――アメリカはフランスとの国交を続けた――の仲介もあったといわれるが、ともかくイギリスはフランスを全面的な対独協力、あるいは対英宣戦に追いやることを恐れた。ただしフランスは、イギリスと戦うだけの軍事力はなかったし、また時とともにドイツの速やかな勝利を疑うに至ったので、イギリスの危惧は実現しなかった。

イギリスがフランス以上に警戒したのはスペインの動向であった。内乱で独伊の援助をうけ、政治体制も同じようなフランコ政権が独伊側に参戦する可能性は十分にあり、ドイツはこれを望み、ヒトラーは四〇年一〇月にフランコと会見して参戦を要請した。しかし、フランコが参戦の代償として要求したアフリカにおける領土は、ドイツにとって過大であった。フランコはその要求が法外なものであることを承知の上で、つまり参戦を避けるために、故意にこうした態度をとったものとも思われる。内乱で荒廃し、戦いに疲れたスペインは、チャーチルによれば「全く利己的、冷血に」大戦を通じて中立を守った。ヒトラーは後述のように対ソ攻撃を行なうが、このソ連を敗北させたのち、スペインに地中海、北アフリカ、大西洋でイギリスに対処させる意向であったともみられている。しかしこの対ソ戦争よりも、ドイツはイギリスに対してジブラルタルから地中海を経て、スエズ攻撃を試みるべきであり、ドイツ軍首脳部にも提案者があったにもかかわらず、この作戦を決行しなかったことは、ヒトラーの大きな誤りであったという見解も少なくない。

ドイツのこの作戦をイギリス側でも警戒していたとみえ、ドイツからの攻撃を目前にした七月、チャーチルは本土防衛に必要な戦車をさいてエジプトへ送ったが、これについてはのちに、みずから「あえて断行した」と書いている。

ブリテンの戦い

❖和平拒否

一九四〇年夏、フランスは降伏し、ポーランド、ベルギー、オランダ、デンマーク、ノルウェーはすでにドイツ軍に占領され、イタリア、日本はヒトラーと結び、スペインはいつ敵対行為に出るかわからず、ソ連はドイツに接近しており、アメリカはイギリスの参戦の誘いに応ぜず、自治領や植民地からの援助はまだ不十分で、しかもイギリスがこれまでうけた物的損害はかなり大きかった。まさしく「イギリスの最後の審判の時はきざまれたと、世界全体が思いこんでも何の不思議があろうか?」という状態であった。

こうしたときヒトラーはチャーチル内閣が倒れることを期待し、当然イギリスが和平を選ぶものと思い、またそれを望んだ。元来、対英戦争はドイツの東欧進出から起こったもので、ヒトラーの直接の目的ではなく、したがって彼は西欧作戦を進めつつあったにもかかわらず、まだ対英作戦を具体化していなかった。しかしイギリスに和平の動きは見られず、チャーチルも健在である。そこでようやく、七月一六日にヒトラーは指令第一六号、イギリス本土上陸作戦準備の命令を出し、これは暗号名「あしか」と名づけられ、準備は八月中旬までに完了されるべきものとされた。

この指令を出してからもなおヒトラーは希望を捨てず、七月一九日の彼の国会演説にはイギリスへの呼びかけが含まれていた。彼は「全国民を破滅させてかえりみない無法な政治家」としてチャーチルを非難しつつ、イギリス人の「理性と常識」に訴えることが「自分の義務」であると論じた。

しかしドイツがヨーロッパ大陸を制圧している限り、イギリスはその国家的利害関係において和を講ずるわけにはゆかない。その意味で、チャーチルは次のように書いたのであろう。「むろんヒトラーにとって、ヨーロッパを彼の意志に屈服させたのち、これをイギリスに確認させて戦争を終わらせることができれば、さだめし喜ばしいことであろう。それは実は平和の申し入れではなくて、イギリスが維持しようとして参戦したすべてのものを、イギリスにすみやかに放棄させようという申し入れであった」

イタリアのチアノ外相はこうしたヒトラーについて、その日記に「いまやヒトラーは巨利を得たあとで、これ以上は何も賭けないでテーブルから立ち上がりたいと思っている賭博師のようだ」と書いている。

七月二二日、イギリスは正式にヒトラーの意志表示を退けた。その後しばらくのあいだ、スペイン、スウェーデンや教皇庁などを通じて和平交渉が行なわれたようであるが、イギリスの戦意はくじけなかった。このスウェーデン国王の和平交渉に対して、八月初めにイギリス政府は正式に回答したが、そのなかで和議の前提としてあげられているところを見ると、イギリスの意向がさらにはっきりするであろう。

すなわちドイツが和平提案の前にチェコスロヴァキア、ポーランド、ノルウェー、デンマーク、オランダ、ベルギー、とくにフランスの自由と独立とを復活させることの保証と、同時にイギリスとその連邦の安全保障を言葉ではなくて、行為で示すことを要求していることである。そしてこれは、イギリスがイデオロギー的よりも国家的利害において、ナチス-ドイツに敵対したことを物語るものであろう。

こうしてフランス休戦後、ドイツは対英和議を望みつつ時を費やしたわけであるが、これは結果的にはイギリスに軍事力再建の余裕を与えることとなった。この点もしフランスが休戦する前に、「フランスの戦い」の大勢が決したところで、ドイツ軍がイギリス空陸軍の一部を大陸に引きとめておいて、イギリス本土攻撃に転じたならばどうであったろうか。当時のドイツ軍内部にもそうした意見があったといわれ、一九四〇年五月中頃、チャーチルも駐英アメリカ大使に、ドイツが一か月以内にイギリスを攻撃するかもしれないと語り、アメリカに対して武器援助を求めている。しかし前述のようにヒトラーのフランス攻撃計画には、引き続いての対英攻撃は含まれていなかった。

このイギリスが時をかせいだことについては、実はチャーチルは和平の意を決して持っていなかったにもかかわらず、イギリス側からも和平工作の偽装をしてヒトラーを適当にあしらったという見解も存するが、そうだとすればチャーチルの作戦勝ちということになるであろうか。

❖栄光のR・A・F

卑近な表現を使えば、フランスの脱落によってイギリスにとって足手まといがいなくなったともいえるわけで、対独戦争は「ひとり立つ」イギリスの「ホームグラウンド」におけるナショナルな戦いとして、国民を団結させることともなった。諸自治領もだいたい本国を救援した。

「……北海とイギリス海峡の灰色の海原遠く、忠実で熱心な小艦隊は夜を徹して哨戒《しょうかい》していた。戦闘機のパイロットたちは、空高く舞い上がったり、彼らの優秀な機体のまわりで、命令一下を静かに待っていた。これは生きるにあたいするに等しく死にもあたいするときであった」

スピットファイアー(上)と空を見守るチャーチル(下)

むろんチャーチルの回顧録中の一節であるが、静かさのうちに決意を秘めた名文ではあるまいか。

ドイツの対英攻撃の目標はまず制空権の確保にあり、したがってイギリスとしても航空機隊、すなわちR・A・F（イギリス空軍）の強化をもってあたらねばならなかった。航空機生産はイギリスにとって急を要する仕事であったが、その生産担当相でチャーチルの親友ビーヴァブルックは、「今日行動せよ」というモットーのもとに非常体制をしいて、これにあたった。

一九四〇年七〜八月、「ブリテンの戦い」が始まった。ドイツ空軍の大爆撃に対し、これまで温存され、満を持したイギリス戦闘機スピットファイアーとハリケーンの抵抗はめざましかった。その性能、パイロットの技術、勇敢さ、いずれも敵にまさるとも劣るものではなかった。ポーランド・チェコスロヴァキアなどの亡命パイロットたちの活躍も忘れられない。またイギリスにはレーダー網があり、そのためイギリス側のパイロットは敵機が接近したときだけ飛び立てばよく、警戒に精力を費やすこともなかった。ホームグランドで迎え撃つ有利さはいうまでもない。

パイロットの不足はイギリス空軍の大きな悩みであったが、たとえ撃墜されても、負傷していない者は再び戦闘に参加しうるし、負傷者はただちに病院で手当てをうけることができた。こういう点でも敵地に落ちるドイツ機は不利であった。そのうえ天候の悪い日が多く、攻撃側が不自由であったこともイギリスに幸いであった。

ドイツはまずイギリスの港、基地、飛行場などを爆撃したが、制空権はついにイギリスの手中に守られた。八月一八日までにイギリス側九五機に対し、ドイツ側は二三六機を失っていた。八月二〇日、チャーチルは議会の戦況報告のなかで「かつて人類抗争の場において、これほど多くの人が、これほど多くのことについて、これほど少数の人々のおかげをうけたことはなかった」と、若いパイロットたちに感謝した。この言葉は広く伝えられたが、ある兵舎の給料支払場の窓口に「いまだかつて、かくも多くの人々が、かくも少額のために、かくも長時間待たされたことはない」という意味の紙片がはられたそうである。ドイツは制空権を奪えないままに爆撃の目標を変更し、九月七日から連夜にわたって都市爆撃を試みた。とくに九月一五日を頂点として夜間の大空襲が首都に加えられ、いわゆる「ロンドンの戦い」となった。作戦変更の理由としては、従来の昼間爆撃のドイツ側損害が予想外に大きかったことやイギリス側のドイツ夜間爆撃——これも意想外であった——に対する報復などがあげられている。またヒトラーは秋の天候悪化によってイギリス本土侵攻が不可能となるまえに、イギリス人の志気をくじこうと考えた。

それはきわどい情勢であった。目標変更の少し前からイギリスの被害は大きくなり(八月三〇日から九月六日までドイツ側二二五機、イギリス側一八五機の損失)、ドイツは若干の戦闘機基地の破壊にほとんど成功するところであった。チャーチル自身も、「……戦闘機隊司令部は九月七日ドイツの攻撃がロンドンに転じたのをみてとり、敵が作戦を変更したという結論をえて

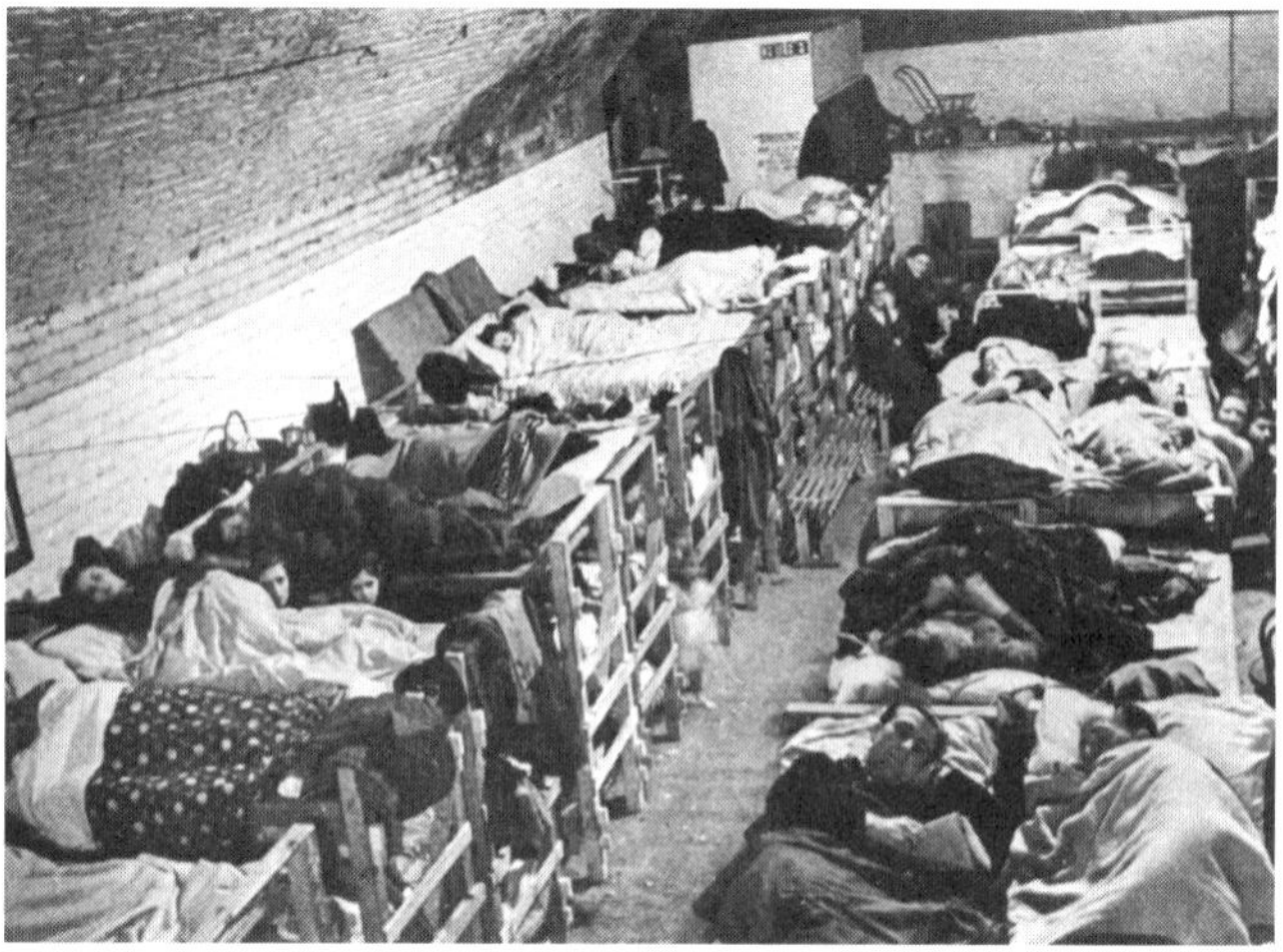

防空壕に眠る市民たち

安堵《あんど》の吐息をもらした」と書いている。

この点ドイツが第一の作戦を徹底せず、次に移ったことは失敗であったが、といっても「ブリテンの戦い」におけるイギリス国民の不屈の頑張りを否定してはならない。まず九月七日から一一月初めまでロンドンは毎晩のように爆撃され、それから地方の工業中心地が犠牲となり、人的・物的損害は大きかった。夜間空中戦の技術は発達しておらず、高射砲も不足していた。なかでも有名なのはコヴェントリー市に対する爆撃で、一一月の一夜、市の九割以上が破壊されたといわれ、「コヴェントリー化」という新語さえ生まれた。

一九四〇年と四一年で、約四万三千のイギリス非戦闘員が命を落としたが、その後戦争中における死者は一万七千ほどである。死者の半分、三万くらいはロンドン市民であった。負傷者の数は不正確であるが、病院に収容された重傷者は約八万六千、軽傷者は一五万一千とも推定されて

議事堂にたたずむ

いる。
　しかし全国民は耐えぬいた。バッキンガム宮殿も損害をうけ、議事堂も破壊されたロンドンでは、市民たちのなかには地下鉄の駅をねじろにする者もあったが、多くは最悪の日にも自分の家で夜を過ごした。廃墟となったコヴェントリーでも、空襲の六日後には工場生産が全能力を発揮するところまで復帰したという。和平や反戦の動きも微々たるものであった。
　それはチャーチルが当時、

「至るところイギリス国民が健全なことは、至るところ海水の塩辛きがごとくであった」と賞し、のちに、「イギリス人は事態がいかに悪いかを報告されることを好み、最悪の事態を聞かされることを好む唯一の国民だ」と語るにふさわしいありさまであった。そしてチャーチル自身、空襲をうけた都市を不意に訪れ、自動車を降りると、被爆地域を護衛もつれずに歩きまわり、これを知った市民たちがしだいに集まってきて、首相の名を口々に呼びながら歓迎するという光景もしばしば見受けられた。

❖新大陸からの援助

一九四〇年九月二七日付イタリア外相チアノの日記は、彼がヒトラーと会ったとき、総統はイギリス上陸に言及せず、その言辞からは長期戦についての悩みがうかがわれるといった様子を伝えている。年内にイギリス本土進撃が不可能と知ったヒトラーは、四〇年一〇月中頃「あしか作戦」の中止を決定するとともに、この作戦の準備を冬を通じて継続するように命じたが、これはもはやイギリスに圧力をかけるためにすぎなくなっている。そして一二月、ソ連を攻撃すべき「バルバロッサ作戦」の指令の時を迎える。イギリスは生き残ったのだ。

なお一九四〇年七〜一〇月末までで、ドイツは一七三三の航空機を――イギリス側発表は二六九八――失い、イギリスは九一五の戦闘機を――ドイツ側発表は三〇五八――失ったといわれる。そしてドイツ爆撃機のイギリス都市空襲も、四一年五月中頃をもって一段落する。ドイツ空軍主力は対ソ作戦のため東部に移動したからである。

すでに開戦直後、イギリスでは一八歳〜四一歳までの男子は随時兵役に服することになっていたが、さらに一九四〇年夏までに、動員されない男子によって百万をこえる国内防衛軍が組織され、旧式の銃から猟銃までが武器として用意された。その後国民の組織化、動員も一段と強化されたが、女性の徴用も行なわれ、戦いが進むにつれて一八〜四〇歳の婦人で独身者の九割が、既婚者の八割が軍隊か産業界で働いていた。国民の労働問題における労働相アーネスト＝ベヴィン（労働党）の活動に対して、チャーチルはとくに感謝している。

しかしこうした国民の大規模な動員は、戦費と相まって多額の支出を要した。したがって政府はたえず財政難に悩み、また戦時下のインフレ対策に苦しんだ。とくに政府が苦労したのは食糧の補給で、Uボート、すなわちドイツ潜水艦の攻撃によってイギリス船舶の損失は大きかった。潜水艦対策にはイギリスも戦争を通じて苦慮し、チャーチルはこれを「大西洋の戦い」と名づけた。

一方、大きな犠牲を払っている国民に報いるため、また労働党の支持を確実にするため、政府がたとえば「ベヴァリッジ計画」（一九四二年末発表）に示されているように失業保険、疾病保険をも含めた総合的な社会保障制度を準備していることにも注目すべきであろう。

このイギリスの抗戦継続を可能にした条件の一つは、アメリカの援助であった。アメリカはまだ参戦こそしていないが、しだいに「宣戦布告なき戦争」の状態に進んでいた。一九四〇年一一月、大統領に三選されたルーズヴェルトは年末の放送で、もしイギリスが負けると、全ヨーロッパが、ひいては全世界がドイツによって征服され、人類の自由や幸福は失われてしまうであろうと言い、アメリカは「民主主義の大兵器廠《へいきしょう》」として、イギリスを援助しなければならないと強調した。

一九四一年三月、大統領は孤立主義者の反対を押さえて「武器貸与法」を成立させた。これは大統領が合衆国の防衛に不可欠と判断した国家を守る目的で、その国のために軍需品その他を生産することを認め、またその国にこの軍需品を売却、譲渡、交換、貸与などで取得することを許すようなものであった。

フランスが休戦し、イギリス敗北の可能性が大きくなるにつれて、アメリカの危機感も高まり、西半球の防衛、対英援助が強く打ち出されたのである。そして武器貸与法の成立によって、イギリスの防衛はすなわちアメリカ合衆国の自己防衛となった。チャーチルはこの法を「いかなる国の歴史にも例がない無欲な行為」とたたえ、またのちに、ルーズヴェルトとその背後のアメリカ人がいなかったならば、われわれは負けたに相違ないとまで言った。

しかしイギリスはこの対米依存によって、いろいろな点でアメリカに従属することとなった。

たとえば一九四〇年九月初め、アメリカから古い駆逐艦五〇隻を譲渡されたイギリスは、その代償として、西インド諸島その他の海軍および空軍基地の施設などを、九九か年の租借権でアメリカに提供しなければならなかった。この取り決めに関してアメリカ側は満足の意を示したが、これについてフランスのある将軍は、イギリスがもっと盛大な時代にあったならば、あれほどつまらない物とこれほど大きな物とを交換することは決してないはずだ、ワシントンはみごとに巧みな取引きをしたと評している。

この点チャーチルは戦後にイギリスの地位が回復されるものと誤算しており、また自分と同じようにルーズヴェルトは感情的な親近性を持っていると思っていたが、アメリカはその安全保障に必要な限りでイギリスに対処し、大統領も親近感を抱いたとはいえ、ヒトラーを負かすためにこそイギリス防衛に関心をよせたのである。

❖エピソードの数々（その一）

チャーチルの闘志に溢れ、勇気に満ちた雄弁は、イギリスが「ただひとり立って」いるとき、どんなに国民を力づけたことか。それは万人が絶望したときにも、なお勝利を信ずる人物の弁であった。彼はむろん庶民の生活とは縁遠く、夫人の言によれば「バスに一度も乗ったことがなく、地下鉄は一度利用しただけ」であったが、政治家としての才能と体験から民衆の感情を巧みにつかんだといえよう。

チャーチルは国民に訴えるためにラジオを利用したが、初めはゼスチャーによる効果がないからと、放送を好まなかった。ところが熱がはいってくると、彼はこぶしでテーブルをどんどん叩いたり、割れるような大声でどなったりするので、係の者はこれを制するのに骨を折った。また首相が二つのマイクに向かうと、一つがヒトラー、一つがムッソリーニであるかのような勢いで語った。

国民にとってチャーチルはまさに偶像であり、彼の一挙手一投足が注目の的であった。とくに彼が右手の人さし指と中指でつくるV字形（むろん「勝利」Victoryを示す）は人気があった。葉巻もチャーチルの姿にはなくてはならぬものとなった。彼のほうでもシガーを口にしている自分を、人々が懐かしんでいることを知っており、それを離さないようにつとめた。

ロンドン空襲が激化したころ、チャーチルは警報を聞くと屋上へかけ上がり、夢中になって高射砲の射撃やイギリス空軍の活動を眺めた。かたわらの人々が危険だからといくら心配しても聞きいれず、彼の体を腕力をふるって引き戻さざるをえないことがしばしばであった。

あるとき彼は、屋根に上がって空襲を見ていた。だれかが屋根へ首を出して何か言ったが、チャーチルはいつものように自分の行為を止めているのだろうと思って、気にもしなかった。するとその人は彼の耳もとでささやいた。

「煙出しの上に腰かけていらっしゃるので、下では煙がつまって大変なのですが……」

しかし彼は細かいことにも留意した。ある港で偽の軍艦をつないで、ドイツにむだな爆撃を

Vサイン

させようと試みた。それは味方でさえ本物と思うほどよく作られていたが、チャーチルはドイツのパイロットは偽物と気づくに違いないと言った。

「あの船のまわりにはかもめがいない。船から食物をまいて、かもめが舞うようにしなければならない」

首相官邸で夕食後、興にのったチャーチルが来客を前にして一くさり演ずる「戦局大観」は、「信じられないほどの名人芸」であった。ルーズヴェルトから特派されたハリー＝ホプキンズもこれを聞かされて、その「百科辞典的な知識」に感嘆久しうしている。ただし社会政策家としてのホプキンズに取り入るため、チャーチルは柄にもなく、特権なき人たちや忘れられた人たちの生活を豊かにする構想などを論じ、この特使からそんな話を聞くために来たのではない、ヒトラーを倒すための提案を知るために来たんだとやり返されている。

記憶力もさることながら、チャーチルは創造力にも富んでいた。あるときルーズヴェルトが、ウィンストンは一日に百回もアイデアを思いつき、そのうち四つくらいは採用できると評したが、これに対してチャーチルは憤然とした——「無礼ですよ、ルーズヴェルトがそんなことを言うとは。アイデアを全く持たない男が口にすべきではない」。また、彼はいかなる場合にもユーモアを忘れなかった。たとえば、「われわれは敵の侵入を待ちうけている。魚たちもそうである」というように——。

❖エピソードの数々（その二）

アメリカに旅行したとき、チャーチルはある海岸で急に泳ぎたいと言いだした。彼は、海水着の用意はないが、ここではどこのだれともわかってはいないから裸で泳ぐ、見るのは見るほうが悪いのだと言いはって、あとへ引かない。側近の人々は大きなタオルで体をおおって海へはいり、それを投げ返すということで、やっと妥協させた。こうしてアメリカの新聞は、赤ん坊のように裸で泳いでいるイギリス首相の写真を掲載することができた。またこの海岸ではフカが出るということであった、これを見たがっていたチャーチルは、フカがついに現われなかったときに「わしの大きな体にびっくりして退散したにちがいない」と言った。

これも渡米中のこと、ホワイトハウスで大統領はそうとは知らずに、チャーチルが入浴中の浴室のドアをあけてしまった。首相はタオルを体にまきつけたままの姿で立っていた。非礼をわびて去ろうとするルーズヴェルトに対してチャーチルが、「イギリス首相はアメリカ大統領にかくすようなものは何ひとつありません」と答えたというのは、有名なエピソードである。

劇的、ロマンチックなことが好きなチャーチルは、たとえばカイロのホテルで落ち着いてタイプされたであろう現地からの報告について、「砂漠のテントのなか、ろうそくのともしびのもとで」将軍みずからがこれを書いたと、わざと発表したりするのであった。

チャーチルは剛気な反面、涙もろかった。戦争指導のわずかな余暇に、孫の洗礼に列席したこの偉大な祖父は終始ほほを涙でぬらし、わびしげにつぶやいた。

「かわいそうな子だ、こんな世の中に生まれてくるとは」

「彼が参加しなかった主要な作戦会議を思い出すことはできない」と、アイゼンハワーが言ったようなチャーチルであるが、戦争指導者として欠点がないわけではない。戦争中彼と共同していたアランブルック将軍は、チャーチルの超人的な才能に驚嘆し、「後世の歴史家はウィンストンをはたして本当に理解できるだろうか」と言いながらも、「彼の最も著しい欠点は、戦略上の問題を全体にわたって一度につかめないことであろう。彼はいつもカンバスのある決まった点を見つめて、絵の残余の部分を眼中においていない。一つの戦局が他にどうひびくかを彼にわからせることはむずかしい」と書き、首相の猛烈な性急さをも指摘している。

またこの将軍は、「彼は一緒にことにあたるうえで、最も骨が折れる人物である。しかし私はどんなことがあろうと、彼とともに働く機会をのがしたくはなかった」と偽わらない気持を述べている。ともかく口を開けば長談議となり、他人が話しているときにはそれに耳をかそうとしないで、次に自分は何を語ろうかと考えているようなチャーチルのことだから、全く扱いにくい存在だったであろう。

山のような文書の閲読、数々の命令の作成、ひっきりなしの面会、閣議、議会における演説、ラジオ放送、国内各地の視察旅行、たびたびの海外における重要会談等々――チャーチルは見たところ文字通り精力的に戦争指導にあたった。しかし一面、彼は不眠を防ぐため毎夜催眠剤を飲み、しだいに肉体の衰えを感じ、仕事の能率が落ちてゆくことを悲観していた。

また、戦争中チャーチルの心臓は普通ならば絶対安静を要するような異状を示し、侍医は殺人的なそのスケジュールを嘆き、首相はもう少し自分を大切にすべきだと述べていたというような事実も、見落とされてはなるまい。

ヘス事件という奇妙なドラマ

❖招かざる使者

イギリス攻撃に失敗したドイツは、一九四一年春バルカンに軍を進めた。これは前年秋にエジプト、ギリシア方面で行動を起こし、かえって敗北したイタリアを援助するためのものでもあった。この戦いはドイツに有利であり、イギリス軍はここでもヨーロッパ大陸から撃退された。さらに「地中海で最も重要な戦略地域の一つである」クレタ島も奪取された。

一方イギリス軍と自由フランス軍とは、六月シリアに進み、この方面のヴィシー政府軍と戦って、七月勝利を得た。両者は協力のうちにも植民地支配をめぐって微妙な対立を示したが、自由フランスがシリア・レバノンの独立を承認したことはフランス勢力の後退であり、イギリスの成功であった。

さらにこの中近東では、五月ごろドイツとヴィシーとの協力計画が進められ、イラクなどに親独勢力が台頭した。しかしイギリスはイラクの反乱を押さえ、結局、中近東では優位に立ったが、この危機からイギリスを救ったのは、次の大作戦によってドイツの主要な関心が中近東を離れたためでもあった。この大作戦とはむろんドイツのソヴィエト攻撃のことである。

これより少し先、世界中を驚かした意想外の事件が起こった。ヒトラーの腹心ルドルフ＝ヘスが単身、イギリスを訪れたことである。イーデン外相はのちにその回顧録のなかで、「ヘス到来という事件は、戦争中最も奇異な個人的ドラマの一つであった」と書いているが、当時日本でもセンセーショナルな椿事《ちんじ》として伝えられた。たとえば昭和一六年（一九四一）五月一四日付毎日新聞夕刊第一面に、ベルリン一二日発のビッグニュースとして「ドイツ総統代理ヘス謎の離国」が掲載された。

記事の大要は一〇日午後六時ごろ、ヘスはドイツのアウグスブルク飛行場よりメッサーシュミット戦闘機でスコットランドに飛び、その夜グラスゴー市郊外の沼沢地に落下傘で着陸、機体は破損、ヘスは足に負傷、最初に発見したのはある農夫であった云々と報道している。そしてヘスについてはナチスでヒトラー、ゲーリングにつぐ第三番目の有力者であり日本通としても知られ、四五歳（実は一八九四年生まれ）と紹介し、またドイツ側では、ヘスが第一次世界大戦のときの負傷がもとで、この数年来健康を損い、とくに精神に異状をきたしたと発表した、と付記されている。

総統と総統代理ヘス（左）

ヘスは何のためにこういう冒険を敢行《かんこう》したのであろうか。彼のイギリスへの飛行は一九四〇年一二月以来三度試みられ、四度目にようやく成功したものともいわれるが、これほど危険をおかした彼の飛来の目的は独英間の和平をとりもつことであった。そこで、従来たびたびドイツを訪問したことがあり、親独家と目されているハミルトン公に面会することを計画し、その邸宅をめざしたが、着陸したのはそこから約一二マイルの地点であった。

元来ヘスは、ドイツ内の親英派と交際し、自分こそ和平取り決めができると独断的に信じこみ、四〇年六月、すなわちフランス休戦の直後から対英和平を試みようと思ったらしい。そしてヘスたちはまず文通という手段を選び、親独派のイギリス人のなかから選ばれたのがハミルトン公である。

これがうまく運ばず、イギリスとの戦いも勝利が得られないままにヒトラーが対ソ戦を決意するにつれて、二面作戦によるドイツの敗北を恐れるヘスたちは、ことは急を要するに至ったと判断したとみられる。

❖英独の対応

ヘスはハミルトン公の住所を知るために、「Who's Who」(イギリスの人名録)を利用したが、これは戦前版で、戦争中ハミルトン公がイギリス空軍に参加し、その邸宅を離れていることが記載されていなかった。したがってヘスは求める主人不在の邸宅を目標に降下したわけだが、ハミルトン公はたまたまその邸宅からあまり離れていない場所で勤務していた。降下したヘスはむろん捕えられたが、連絡をうけたハミルトル公はこの「使者」に会うとともに、チャーチルに連絡した。

五月一一日の日曜日、首相はある友人の屋敷で夫人とともに過ごし、夕食後、用意されたマルクス兄弟の喜劇映画を見ていた。そのとき電話がはいり、秘書からこの奇想天外な話を聞いたチャーチルは、「それについてはマルクス兄弟に話すように、ハミルトン公に伝えてくれないか」と言った。

しかし同時に、ヘスは一体何をくわだてているのか？　なぜ彼がやって来たのか？　どういう秘密命令を与えられているのか？そうした疑惑が首相の胸を去来したにちがいない。ともかくイーデンの進言もあって、ヘスと面識があるカークパトリックという人物を現地に派遣することとなった。彼はヘスを確認するとともに、五月一五日まで三回にわたって談合した。

話題は広範囲にわたり、和平の条件も述べられたが、最後にヘスは次のように強調した——ヒトラーは大英帝国を保全しての和平を本当に望んでおり、その機会を提供するために自分は独断で飛来したのであり、もしイギリスがドイツとの和解を望まなければ、ヒトラーはイギリスを破壊し、永久に隷属させるであろうと。さらに六月、イギリス政府を代表して面会したサー＝ジョン＝サイモンにも、ヘスは同じように講和の条件についてくり返した。

なお、ヘスは切迫しているドイツの対ソ攻撃について言及しなかったが、これについてはヘスはもはや重要問題から除外されていて知らなかったとか、知っていたからこそこの行動に出たのであるとか、種々の論議があるが、ともかくチャーチルは「ヘスがヒトラーといかに密接な関係にあったかを考えると、彼がさし迫ったロシア攻撃を……知らなかったのは、あるいは知っていても口外しなかったのは驚くべきことである」と書いた。

さてイギリス政府としてはヘス事件につき、議会でいかに発表するかが問題となったが、結局、政府としては「ノー‐ステイトメント」ということになってしまった。もし公表していたならば、かえって「イギリス側のトリック」という印象を諸国に与えたかもしれないほど、この事件は世人にとって意外なことであった。

むろんチャーチルはヘスの講和提案など相手にもしなかったが、実はこの事件に大いに当惑したものと察せられる。というのは現在、空襲をうけ、食糧その他生活物質が不自由であり、苦しい戦時生活を強いられている国民がもし講和の可能性について知り、これを要望するようになったならば、どうであろうか。またドイツの完全な降伏以外に講和に応ずるつもりがないチャーチルにとって、自分がヘスと和平の取り引きをしていると考えられるかもしれないことは、まことに迷惑であった。さらにもし、この和平提案がドイツ側の巧妙な策略であって、イギリスが油断すれば、ドイツはこれに乗じて戦局を有利にするかもしれなかった。

ともかくチャーチルはヘスの行動をナンセンスな個人プレイで、頭が変な男の独断的行為として黙殺してしまった。「私はこのエピソードに何ら重要性を与えなかった。それは事態の推移に全く無関係だとわかっていた」と、回顧録にも記している。

ところでこの事件について、はたしてヒトラーは関係していたのであろうか。五月一一日ベルヒテスガーデンの山荘に、愛人エヴァ゠ブラウンとともにいたヒトラーは、ヘスの使者が届けた書簡によって事件を知った。それは「まるで爆弾が落ちた」ように、総統に衝撃を与えたという。カイテル将軍も、ヒトラーがヘスは発狂したに相違ないなどと言いつつ、額を押さえながら広い書斎を歩きまわった光景を伝えている。

総統はただちに近くにいた党首脳ゲーリングやリッベントロップらを招き、日曜日の静かな雰囲気は破れ、午後遅くまで会議が続いた。そしてイギリス側の発表を待ったが、翌日になってもその動きが見られないので、ヘスを精神異状とする声明が出された。ヒトラーはヘスが国家の機密をもらすことを恐れ、イギリスがこれを信じないようにぜひとも狂気にしたかったのである。しかし結果的には、ヘスは機密について何も語らず、さし迫っていたドイツの対ソ攻撃についても知ってか知らずか、前述のように全く言及しなかった。

❖後日談

それにしても、ヒトラーとヘスとの関係について疑問が残った。総統の同意、許可なくして、ナチス首脳とはいえ勝手な行動がとれるであろうか。そこでヒトラーは、この総統代理の意図については了解ずみであったが、その決行の日時を知らず、対ソ開戦を前にしていたときだけに驚き、かつ立腹したのではあるまいか、と推測されるわけだ。

これに関連して、ヘスはヒトラーの同意のもとにイギリスに行ったのであり、それは対ソ攻撃前にイギリスと和平しようという最後の試みであった。それが失敗したため、かえってヘスは否認されてしまったが、これは危険な使命に失敗した使者の身の上にしばしば起ることだ、というような見解も存する。

そのほか諸説があるが、ともかくドイツ側は五月一六日にヘス事件が終わったとみなし、党スポークスマンはその旨を発表した。

ところでチャーチル、ヒトラーとともにこの事件で悩まされた人物があった。それはスターリンである。彼はドイツが対ソ攻撃に際して、何かイギリスと取りかわしたのではないかと疑い続けた。たとえば一九四一年一一月六日の演説で、彼はヘスこそイギリスを反ソ十字軍に参加させるために派遣された、しかしそれは失敗して、逆に米英はドイツに対してソ連と同盟するに至ったと述べた。スターリンのみならず、ソ連では一般に、対ソ開戦前にドイツがイギリスと和平するため、少なくともイギリスの了承を得るため、ヘスを送ったのだという疑いが強く抱かれた。

捕われたヘスがかいて息子に送った絵

　事件からかなりのち、一九四四年チャーチルがモスクワを訪問したときにも、スターリンはこの事件に拘泥《こうでい》していた。真相と信ずるところを語ったチャーチルは、「私が知っているだけの事実を述べる場合には、そのまま受け入れていただきたい」と言ったが、スターリンは笑いながら、「ロシアでも、秘密機関が必ずしも私に言ってきかせないことがたくさん起こりますよ」と答えた。

ヘスは戦争が終わるまでイギリスに監禁され、一九四五年一一月からニュルンベルク国際軍事裁判で裁かれた。法廷は彼の精神異状説を否定し、四六年一〇月、平和に対する陰謀と犯罪によって終身刑を宣告した。死刑をまぬかれたのは、大量虐殺などに参画しなかったためである。

その後ヘスは西ベルリンの獄中にあるが（一九八三年末現在）、戦後ときがたつにつれて米英仏の三か国は釈放を考えるようになった。しかしソ連の承認を得られず、戦犯は四大国の管理下にあるため、一国でも反対するとどうにもならない。ナチスの暴虐を忘れられないソ連は、この人物をナチスのいわば生きた象徴として止めておきたかった。またヘスが禁固されている刑務所は、ソ連が西ベルリンで管理できる数少ない機関の一つである。なおヘスは、投獄されて以来四〇年近く、九〇歳を数え、獄内にも棺が用意されており、彼に関する次のニュースはその死であろうという（一九八七年、ヘス死去——編集部注）。

米英ソ連合に処して

❖同盟への歩み

一九四一年六月二二日早朝、ドイツはソ連攻撃を開始し、ヨーロッパ戦争は新たな段階にはいった。強力な戦車と航空機の援護のもとにドイツとその同盟国との大軍が、広範囲にわたる戦線でソ連領内に侵入する。それはまったく宣戦布告がない不意討ちであった。

元来ヒトラーはその侵略政策上、ドイツが「生存圏」を拡大して東方へ勢力を伸張することを主張していた。そこからソヴィエト征服がめざされたが、とくに反共産主義のナチスにとって、この国を征服することは多年の野望であった。しかもヒトラーはイギリス作戦が失敗したことによって攻撃の目標をソ連に転じ、これを負かしたのち、ロシアの豊富な資源を利用し、ヨーロッパ大陸制圧という圧倒的な優勢をもって再びイギリスに対応しようとした。

またソ連が敗北すれば、アジアにおける日本の比重が大きくなり、この日本との対抗上、アメリカの関心がアジアに集中してヨーロッパから離れざるをえないとすれば、イギリスがヨーロッパにおける戦いでアメリカにかける期待も消えるであろう。

しかしイギリスがまだ健在であるとき、ソ連を攻撃すれば、ドイツとしては東西両戦線で戦うという不利を犯すことになるではないか。実はヒトラーは困難な両面作戦にはいってゆくとは考えなかったのであろう。というのは守勢に精一杯なイギリスから本格的に攻撃される恐れはなく、ソ連に対しては短期戦で撃破できると、ヒトラーは自信満々だったと思われる。だがこのソ連軍事力の過小評価に基づくこの対ソ攻撃こそ、ドイツの致命的な失敗となるのである。

情報機関を通じてすでに数か月も前から、ドイツの対ソ作戦の動きを知っていたチャーチルは、これについてスターリンに忠告したほどであった。しかしスターリンはじめソ連首脳部は油断しており、チャーチルは彼らを、「第二次世界大戦中最も完全に一杯くわされたへまな人たち」と酷評している。当時独ソ開戦は、独ソ不可侵条約によってドイツを英仏に向けたソ連がその報復をうけ、「罰金を支払った」という印象を西欧側に与えた。

六月二二日、チャーチルは国民に向けて放送した。

「ナチスと共産主義はいずれも最悪の制度であり、過去二五年間私よりも一貫した反共主義者はなかった、そしてこれまで共産主義について述べた言辞を、いまも一語といえども取り消すつもりはない、しかしナチスの暴虐な侵略をうけようとしているロシアの民衆を見捨てることはできない、ナチズムに対してたたかうすべての個人、すべての国家をわれわれは援助する、したがってわれわれはロシアおよびロシア国民をできるだけ助けねばならない」。

そしてソ連との握手は「反共の巨頭であるあなたとして、お宗旨《しゅうし》変えになりはしないか」という意見に対して、彼は「いや、いや、私の目的はただ一つだ。ヒトラー打倒だ。そのために私の人生は非常に単純になっている……」と答えている。なお戦前、彼の対独構想に英仏ソの同盟があったことも想起しておくべきであろう。

一九四一年七月、英ソは共同行動協定を結び、単独不講和やたがいの援助などを約した。やがてアメリカもイギリスとともに、対ソ軍需・経済援助にふみきった。アメリカには反ソ・反共勢力や孤立主義も強かったが、いまはナチズムこそがアメリカの敵であるとみたルーズヴェルトらアメリカ政府首脳部は、ソ連支持を決定したのである。こうしてアメリカはまだ参戦こそしていないが、事実上の米英ソ「大同盟」が成立しつつあった。それは異なった国家体制の異例な結合で、これを成立させた条件は反ナチズム、反ヒトラー、あるいは反ファシズムであり、換言すれば民主主義防衛である。そして、米英ソ三国の提携は日独伊のそれにくらべて、はるかに緊密であった。

❖アメリカ参戦

一方、一九四一年八月、ルーズヴェルトとチャーチルは大西洋上の戦艦で会見し、八か条の「大西洋憲章」を発表した。草稿はチャーチルの筆になるといわれる。その内容は領土不拡大、民族自決、各国民の欠乏と恐怖からの解放、公海の自由、経済上の発展のための国際協力、侵略国の武装解除、各国の軍備の縮小などで、米英連合の戦後世界に関する基本方針を表明したものである。九月、ソ連もこれに加わったので、いわば大同盟の共同綱領となった。

しかし、憲章の諸条項は現実のまえにしばしば無視されていった。たとえばチャーチルは一九四一年九月、会談から帰国してまもなく、憲章はインド、ビルマ（現ミャンマー）、その他大英帝国の他の地域に適用されないと議会で表明し、また戦争遂行上、やがて米英ソは領土分割を約しあったりするのである。

前年の一九四〇年秋より展開していた北アフリカ、キレナイカ方面の「砂漠の戦い」はドイツ軍に優勢に展開しており、独ソ戦で一息ついているイギリスの悩みの種であった。独ソ戦といえば、ドイツ軍は得意の電撃戦によって四一年一〇月モスクワに迫った。しかし全世界の予想に反してモスクワ防衛は成功し、またレニングラードも守りぬかれ、そしてロシアの冬がきた。この冬のなかで赤軍は逆に反撃に出て、ドイツ軍を押し返してゆく。「ヒトラーはロシアの冬を忘れていた」と、チャーチルは皮肉った。

そして四一年一二月、アメリカは枢軸諸国との戦争にはいった。

一九三七年以来の日本の中国本土侵略につれて、アジアにおける日本と米英との関係は悪化していたが、とくに日本は長期戦の必要上、戦略物資を東南アジアから得ようとしたため、この方面に大きな利益をもつ米英ときびしい対立を引き起こした。

一九四〇年九月の日独伊三国同盟の成立は、日本が米英を敵視するに至ったものとしてこの二国を刺激する。さらに一九四一年四月、「日ソ中立条約」によって北方を固めた日本は、南進の態勢を整えた。一方では局面打開のため日米交渉が続けられたが、その間日本は四一年七月南部インドシナに侵入、ますます米英との関係を悪化させた。一一月アメリカは日本に対して実質的にアジアを満州事変前の状態に返すことを要求したが、この強硬な要求は日本を挑発する目的であったという説もある。ついに日本は米英との開戦を

ルーズヴェルトとチャーチル

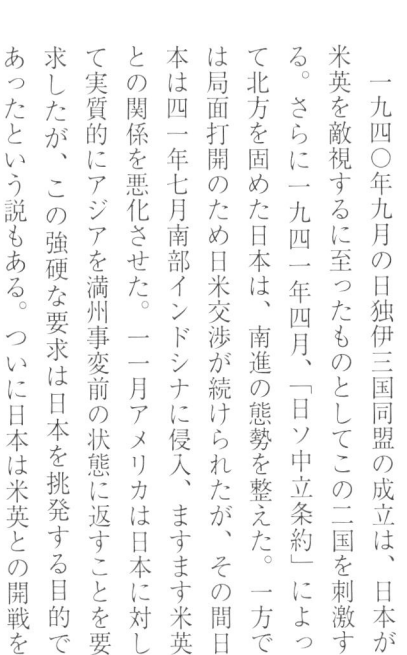

決意し、一二月八日ハワイの真珠湾を攻撃して、米英との戦争にはいった。そしてチャーチルが予期したように独伊もアメリカに宣戦布告し、ヨーロッパの戦いは世界戦争に拡大した。

チャーチルは日本の戦争計画を「きわめて無謀な冒険」、「自殺行為」とよび、四一年一一月一〇日、すなわち日米開戦約一か月前のある演説で、私は四〇年ほど前日英同盟に賛成投票し、日本との友好関係を促進しようと常に最善の努力をしてきたと語りつつ、「もし鋼鉄が現代戦の基礎であるとすれば、その年産約七百万トンにすぎない日本のような国が、約九千万トンも生産しているアメリカ合衆国との争いを、全くいわれなく挑発することは危険であろう」と警告している。

しかし元来、チャーチルは勝利のためにアメリカの参戦を望んでいた。ドイツの対英爆撃が激しかったころ、ド＝ゴールはその回顧録に、空を指さしながらドイツ空軍の来襲をいらだたしげに待つチャーチルの姿を伝えている。

「あいつらはやって来そうにもない」

「あなたはイギリスの都市が粉砕されるのを、そんなに見たがっていらっしゃるのですか」

「考えてみたまえ、オックスフォード、コヴェントリー、カンタベリーの爆撃がアメリカを怒らせて、戦争に誘いこむことができるかもしれないのだ！」

また日米開戦前に両国が交渉を続けているとき、チャーチルはアメリカが中国を見捨てることなく、日本と妥協しないように主張しており、もし日本の侵略がアメリカを戦争に引き入れるならば、侵略もまた望ましいという気持ちさえ抱いていた。そしていま、アメリカが日独伊との戦争にはいったのだ。ドイツがアメリカを敵にまわしたことは、結果的には対ソ開戦につぐ失敗であった。ヒトラーはソ連に続いて、アメリカの実力を過小評価したといえよう。

ともかくアメリカの参戦をチャーチルは喜び迎えた。

「……いまやここにおいて私はアメリカが完全に、死に至るまで戦争にはいったことを知った。こうしてわれわれはついに戦争に勝ったのだ！　イングランドは生きるであろう……戦争がどれほど続くか、それがどういう風に終わるか、誰もわからなかった。このとき私はそんなことは意に介さなかった。……ヒトラーの運命は決まった。ムッソリーニの運命は決まった。日本人に至っては微塵《みじん》に粉砕されるであろう……」

これまでチャーチルは側近にとって「こわい人物」であり、世界の重さを一身に背負っているように見えた。しかしアメリカ参戦後、首相は若々しく明るい表情に変わり、毎日が楽しくてたまらないように見えたという。

そしてここに米英は、中国とともに日本と戦うこととなったが、米英の中国に対する態度は違っていた。アメリカは蔣介石政権下の中国を重んじ、これを強大国としてアメリカに協力させ、今後のアジアの安定勢力にしようとした。これに対し多年中国に植民地的利権をもつイギリスは、この国を将来の大国として認めようとしなかった。チャーチルはあるときイーデン外相に、「中国が世界四大国の一つであるとは全く滑稽《こっけい》だ」とさえもらしている。

またチャーチルはインド、中国などに対して大英帝国の植民地主義の伝統を受けついでおり、アメリカのアジア政策には同調できなかった。しかしイギリスはヨーロッパ戦線に力を注がざるをえず、アジアではインド防衛くらいが精一杯で、中国はアメリカに委ねざるをえなかった。

❖大英帝国の夢

日本との緒戦において一九四一年一二月、イギリスはマレー沖で主力艦プリンス-オブ-ウェルズとレパルス号を撃沈され、四二年二月シンガポールは陥落し、ビルマやインドを脅かされ、イギリスの植民地主義は空前の危機に直面した。イギリス海軍が誇る二主力艦を沈められたという報を受け取ったとき、さしもの剛気なチャーチルも、「戦争の全局面を通じて、私はこれにまさる直接のショックをうけたことはなかった」というありさまであった。

シンガポール陥落のときも、首相はこれに劣らぬ打撃をうけ、電話がかかってきても起こさないように言って寝こんでしまい、戦後いつまでもこの悪夢に悩まされたという。

しかし、東南アジア諸地域から南太平洋まで進出した日本の優勢もわずかのあいだで、一九四二年六月、ミッドウェー海戦におけるアメリカ海軍の勝利によって戦局は逆転してゆくのである。

これより前の一九四一年一二月、日米開戦後チャーチルは訪米して米英会談（いわゆるアルカディア会議）が開かれた。このときアメリカはイギリスの希望をいれて、日本よりもドイツに対する勝利を第一の目標に定めた。チャーチルはアメリカが対日戦を主に、対独戦を従にすることを恐れていたのである。

そして一九四二年一月一日、米英ソ中の四か国は「連合国共同宣言」に調印し、やがて多くの国々が参加した。これは大西洋憲章に同意するとともに、軍事・経済上の協力や単独不講和を約するもので、ここに米英ソを中心とする連合国の基礎が成立した。

一方、チャーチルはアメリカの東南アジア・太平洋作戦がこの方面のイギリス植民地支配を脅かすことを恐れたらしい。たびたびの会談における彼の主張の底には、大英帝国の利益を確保し維持しようとする意図があったといわれる。つまり戦争遂行を通じて、イギリスに代わってアメリカのアジア支配が打ち立てられることも、チャーチルが防がねばならぬことであった。

個人的にはチャーチルの親友であったルーズヴェルトも、首相が代表していると思われる大英帝国的な点、その植民地獲得欲、支配欲に不満を持っていたらしい。大統領は「あなたの血のなかには、四百年に及ぶ植民地獲得欲の本能が流れている」とさえ言い、この帝国主義は常に戦争に導く危険をもつことを指摘している。

一九四二年春、ルーズヴェルトがインドに即時独立を許すことをすすめたとき、チャーチルは立腹して拒否した。首相はまた大統領に向かって、「私にはあなたが英帝国をなくそうとなさっているとしか思えません」といい、ある公的な席でも（一九四二年一一月）ルーズヴェルトを念頭において、「私は英帝国の清算をつかさどるために首相となったのではない」と語った。

彼は自伝に「自分はヴィクトリア時代の子だ、それはイギリスが国威を確固と打ち立て、世界貿易や海洋における地位も並ぶものがなく、大帝国の実現とそれを維持することが義務であった時代だ」というように書いているが、これは終生彼から離れなかった考え方であろう。ただし、チャーチルを侵略的な帝国主義者とみなすことは少しゆきすぎであろう。

日本の勢力が東南アジアに拡大するにつれて（一九四二年五月、日本軍ビルマ占領）、インドにも危険が迫った。イギリスはインド人との軍事協力を強化するためにも、対インド政策の変更を迫られ、一九四二年三月チャーチル内閣は労働党のクリップスをインドに派遣した。使者は戦後における自治領の約束をもたらしたが、インド側はその内容および即時独立が認められないことに不満で、大戦中さらに民族運動が、たとえばガンディーの「インドをたち去れ」というスローガンなどのもとに展開することとなった。

❖第二戦線

一九四二年五月、英ソ間に新しい条約が結ばれ、従来の相互協力と単独不講和を確認するとともに、有効期間二〇年で協力して将来の侵略に備え、戦後の復興にあたる態勢が固められた。当時ドイツの対ソ攻撃がまた活発となり、イギリスはこうした外交上の処置によってソ連を後援する必要があった。戦局では一九四二年六月、ドイツ軍は南ロシアで攻勢に出て、夏から秋にかけてスターリングラード（現在のボルゴグラード）の攻防戦が続いた。

このころ、いや、独ソ開戦直後から、ソ連は米英にその軍をフランスに上陸させて「第二戦線」を形成し、ドイツの軍事力を二分させることを要望していた。一九四二年六月、米ソはこの年のあいだに第二戦線を創設することについて了解しあった。アメリカの戦略はできるだけ早い時期に、決定的な場所に軍事力を集中して勝利を得るところにあり、第二戦線形成に積極性を示した。

ところが、一時は賛成したチャーチルらイギリス側は逆に反対し、ついにこの作戦を延期させてしまった。ソ連を助けるのみならず、イギリスとしても大反撃であるこのフランス第二戦線を、なぜイギリスはためらったのか？

心理的にはイギリスが孤軍奮闘していたとき、むしろドイツに接近していたソ連が、いま苦境に立ったからといってあわただしく大きな援助を求めるとは、虫がよすぎるというような気持ちがあったかもしれない。それはともかくイギリスは表面的には、ドイツの防衛力の強固さとイギリスの軍事力の不足を指摘した。しかし、イギリスがこのときフランス第二戦線を避けたことには、他にもいろいろ理由があったようである。

チャーチルはドイツに対する反撃として戦略爆撃を第一の手段とし、この点イギリス空軍はたとえば無差別都市爆撃において、ドイツ以上に破壊的であり、それはドイツの生産力を押さえるうえに効果があった。またチャーチルは大陸進撃を急がなかった。ソ連の抵抗、アメリカの参戦によって戦局が有利に展開し始めたとき、イギリスは大きな損失を犯してまで、戦争を短期に終了させる必要はなかった。そのうえ前大戦の西部戦線における大損害を忘れられないチャーチルは、再度のイギリス人の流血を欲しなかったのだ。一九四二年当時のイギリスの軍需生産は部門によってはドイツをしのいでいたといわれるから、必ずしも軍事力が不足だったとは限るまい。

同時にチャーチルは中近東、地中海、アフリカ方面の作戦を重大視し、軍需品の多くをこの方面にまわしていた。それは地中海諸地域で勝利をおさめ、イタリア半島、バルカン方面のいわゆる「枢軸側のやわらかい下腹」からドイツを攻撃するという戦略であるとともに、「地中海、バルカン、中近東、アジアに及ぶ大英帝国」の権益を守ろうという先決問題を含んでいた。

そして彼はやがてソ連がめざましい勝利をあげ、東ヨーロッパに勢力を拡大してゆくとはまだ予測もしていなかった。

訪米したチャーチルは一九四二年七月、対英協力を重んぜざるをえないルーズヴェルトの賛同を得て、フランス上陸作戦を延期させるとともに、前記のアルカディア会議で米英がすでに取り上げていた北アフリカ上陸作戦、いわゆるトーチ（たいまつ）作戦を復活させた。そのころの北アフリカの軍事情勢――イギリス軍が敗退し、六月トブルク、七月エル・アラメインが陥落したような情勢が、この作戦決定を促進したとみられよう。しかしこれはソ連にとって第二戦線の性格をもっていない。八月、チャーチルはモスクワを訪れ、スターリンを説得した。

この作戦についてチャーチルは、「要点を説明するために私は一匹のワニを描き、この絵の助けをかりてスターリンに、われわれの意図が固い鼻と同様にワニのやわらかい腹を攻撃するところにあることを説いた。そしていまやスターリンの関心は高まり、彼は『神よ、この計画を成功させたまえ』と言った」と書いている。

しかし「第二戦線を、いま」と要求しているスターリンとの会見のことであるから、第二戦線をためらうのはドイツを恐れるからだ、というようなチャーチルの感情を害する言葉も出て、短気で衝動的な首相はスターリンとけんか別れの一歩手前までゆくありさまであった。

その後、一九四三年にも第二線問題をめぐる大同盟内部の摩擦が続いたが、作戦の準備基地イギリスの協力がなくては、それは実現すべくもなかった。こうして真の意味における第二戦線は、のちのノルマンディー上陸作戦（一九四四年六月）において初めて実現したといえよう。しかしこのとき、赤軍はすでにドイツの大軍をほとんど独力で撃退して東ヨーロッパに進出していた。

ロンメル将軍

❖始まりの終わり

前述した一九四二年六月のトブルク陥落は、有名なロンメル将軍指揮下のドイツ軍によるもので、これはイギリスにとって大打撃であり、議会ではチャーチル不信任動議――ただし大差で否決――が提出されたほどであった。しかし四二年一〇月イギリス軍の反撃が成功し、エル・アラメインを奪った。開戦以来、イギリスとしては最初といってもよい勝利であった。チャーチルによれば、「……事実、それは『運命のかなめ』の岐路をしるしづけた。『アラメイン以前にわれわれには勝利はなく、それ以後には敗北がなかった』と言いうるであろう」。

のちにチャーチルは「大戦中、最も心配だった二つの月を挙げてほしい」といわれ、即座に「一九四二年の九月と一〇月」と答えたという。そのころ内には戦争指導に対する批判――たとえば首相の考え方に思いつきが多く、科学力を十分に活用していない、軍が型にはまっていて広い戦略に欠けている、将軍たちのなかに大規模な機械化部隊掌握の能力に欠ける者がいる等々――が強く、内閣の土台も揺れ、外では北アフリカの戦いに対する危機感がみなぎり、またこの北アフリカ上陸作戦に関して米英間に不統一が生じていた。

このとき、エル・アラメインの勝利は実に貴重なものであったといえよう。なお戦争中チャーチル内閣を存続させた理由として、彼の後継者に適当な人物がなかったこと、彼の失脚が内外に与えるショックが大きすぎることなども指摘されている。ともかくこのエル・アラメインの戦勝以後、戦争中を通じてチャーチルの首相として地位は揺るがなかった。

続いて朗報が訪れた。一九四二年一一月八日、アイゼンハワーを総司令官とする米英連合軍は、ヴィシー側フランス領北アフリカに上陸を敢行した。一一月一〇日の演説でチャーチルは「これは戦いの終わりではない。それは終わりの始まりでさえない。しかし始まりの終わりであろう」と言った。

この作戦成功によってドイツはフランス全土を占領し、これまでの占領地域と自由地域との区別は終わり、ヴィシー政権とアメリカの外交関係は絶えることとなった。しかしこのとき、実はアメリカはド゠ゴールの自由フランスをフランスの政権として認めなかった。

元来アメリカは、解放されたフランス国民が自由にその政府を選べるときまで、いかなる個人ないし集団をもフランスの新政権として認めない方針であり、したがって国民によって選出されていない自由フランスとその長を承認しなかった。また誇り高いド゠ゴールは独裁者、冒険家、エゴイストとみられ、自己の勢力を確立するために戦争や米英を利用しつつあるものと思われた。

北アフリカ上陸作戦につきアメリカはイギリスの意に反して、事前にこれをド゠ゴールに知らせることなく、また作戦実施後この地域を統轄してゆくフランス人が必要であったとき、アメリカはド゠ゴールではなく、たまたま現地に居合わせたヴィシー側の陸海空軍総司令官ダルランを起用した。

ダルランは息子アランの病気見舞いにアルジェに来ていたものであり、そのまま北アフリカを統治してゆくことになったが——この点ヴィシー政府と連絡があったものとみられている——四二年一二月末、彼が真相不明の暗殺に倒れたのちは、ヴィシーとも自由フランスとも直接関係がないジロー将軍が起用された。

このダルラン・ジロー体制の背後には、実はヴィシー側の対独協力的な保守・右翼勢力が温存されており、とくに対独協力でその名も高いダルランを任用したことに対して、米英の世論は目的のためにはファシストとも取り引きするという非民主性を強く批判した。

ルーズヴェルトはヴィシー側領土を統治する便宜上、一時的な処置をとったものと弁解しているが、アメリカが自由フランス運動の現状、将来性について十分な認識を持たず、ダルランとの関係によって、民主主義擁護の大義を犯したという非難はまぬかれまい。

同じような批判はチャーチルにも向けられた。元来彼が、反ファシズムというイデオロギー的立場よりも、イギリスの国家的立場で戦争指導をしているだけに、首相は民主的な対独抵抗運動に基づくヨーロッパ新秩序を望まず、戦前の旧体制に返ることを欲しているのではないか、というような声があがった。そこでチャーチルはルーズヴェルトやアイゼンハワーの立場、政策を弁明しつつも、ダルラン起用の責任をアメリカに帰して、イギリスは情勢を変えることができない事情を説いた。

しかしこうしたことは、イギリスみずからが固執した北アフリカ上陸作戦の主導権をアメリカに握られたことを示すもので、ここにもイギリスの対米従属性が示されている。イギリス外務省はダルラン問題でアメリカが直面した困惑に対して、ひそかに一種の満足感を抱いたらしいといわれるが、一方、同作戦をおりにアメリカ兵の姿がイギリス各地に多くなり、国民大衆も大国イギリスの終わりを実感せざるをえなくなった。

❖カサブランカとテヘラン

一九四三年一月、次の作戦計画のためにチャーチルとルーズヴェルトは、モロッコのカサブ

握手するド=ゴール（右）とジロー

ランカで会見した。ここでシシリー島進攻その他の戦略が決定されたが、枢軸諸国に対する「無条件降伏」が初めて声明されたのもこの会談である。これについてはあとで言及しよう。

また米英はこのカサブランカで、大統領のいわゆる「花婿」ジローと「花嫁」ド=ゴールとを「強制結婚」、すなわち和解させようとした。ルーズヴェルトとチャーチルとをはさんで二人の将軍が握手している姿がカメラに収められたが——多くの写真班のため、それはくり返して行なわれた——結局、米英側が予定していたフランス側統一工作は成功しなかった。

一九四三年二月初め、ロンドンに帰ってきたチャーチルは、過労から風邪をこじらせて肺炎にかかり、かなり重態となった。この首相を回復させたのが、当時発見されたばかりのペニシリンであったといわれる。

一九四三年、戦局を左右する連合軍の勝利が続いた。

二月、太平洋で日本軍はガダルカナル島から退却し、赤軍はスターリングラードで反撃に成功した。五月に北アフリカを制圧し、七月にシチリア島へ上陸した米英軍は、さらにイタリア本土に進撃する。このイタリアでは、ストライキや暴動のうちにムッソリーニ政権は倒れ、新しいバドリオ政府は九月、連合軍と休戦し、枢軸国の一角が崩れた。

この新政権下イタリアの王政は、ファシズム勢力と関係が深かった。しかし混乱するイタリアの共産化を恐れたチャーチルは、アメリカを同調させつつ保守体制を支持し、またイギリスの地中海、中東方面の国益上からもイタリアを制御したいと考えた。そして敗戦国イタリアの処理に関して、ソ連はほとんど除外された。この点前述の北アフリカにおけるダルランの一件に続いて、チャーチルの反デモクラシーが指摘されるところである。

一九四三年一一月、対日問題を論議した米英と中国のカイロ会談が行なわれ、カイロ宣言が出された。内容は第一次世界大戦開始後、日本が奪取し占領した太平洋上の一切の島を取り上げること、満州、台湾などのように日本が中国から取り上げたすべての領域を中国に返すこと、朝鮮を自由で独立のものとすることなどであり、また日本が無条件降伏するまで戦いぬくことを約している。そしてこれらはのちのポツダム宣言に取り入れられたものである。

カイロ会談を経て、米英ソの三巨頭はイランのテヘランに会した。ルーズヴェルトとスターリンの会見は、この会談で初めて実現した。会議中の一一月三〇日、誕生日を迎えたチャーチルは、六九本のロウソクが並べられたバースデイケーキの前で祝杯をあげた。テヘランの重要決定は、翌年五月を期して懸案の北フランス上陸作戦、すなわち第二戦線形成を決行することであった。

このテヘラン会談で、チャーチルは、米ソに対してイギリスがいかに小国であるかが初めてわかったといい、ソヴィエトの大熊、アメリカの大きな野牛にはさまれた小さなロバにイギリスをたとえている。事実、一九四四年ころから、イギリスの立場は戦争指導上とくに弱まってくるようである。

❖パリ解放

一九四四年五月、イタリア戦線で米英軍は攻勢を再開し、六月四日ついにローマは陥落した。そして六月六日、総司令官アイゼンハワー指揮下の米英軍は北仏ノルマンディーに上陸作戦を決行する。月末にはこの方面のドイツ軍の組織的な抵抗は終わり、東部戦線では赤軍が積極的な攻勢に移っていた。太平洋でもアメリカの反攻が着々と成功していった。

一方、テヘラン会談では北フランスとともに、南フランス上陸作戦が約束されていた。しかしいざとなるとチャーチルはこれに反対で、このための軍事力をイタリア戦線に使用し、さらにバルカン作戦に利用して、ウィーンに攻めのぼりたいという考えであった。アイゼンハワーは首相みずから口にはしないが、彼の本当の関心は軍事的な面よりも政治的なものではないか、バルカンをソ連軍よりも米英軍が占領したほうが、戦後の政治地図において有利と考えたのではないかと推測している。ともかくアメリカは軍事を優先させ、四四年八月中頃、米英軍は南フランスに上陸した。

北方から、南方からフランスの解放は進む。これ以前よりド＝ゴールとジローのあいだの対立は続きながらも、この二人を共同の議長とするフランス国民解放委員会がアルジェに成立、やがてド＝ゴールが実権をにぎっていった。ド＝ゴールとジローとでは本質的に政治力に差があったうえに、前者はフランス内外のレジスタンス（抵抗運動）の一致した支持を受けるに至った。

そして一九四四年六月三日、委員会はフランス共和国臨時政府と称した。ノルマンディー上陸実施の三日前である。しかしこの作戦について、ド＝ゴールは決行直前に知らされただけであった。

フランス解放につれてヴィシー政府は解体し、八月二三〜二四日にパリは解放され、ド＝ゴールがフランスの政権担当者であることは明白となった。一九四四年八〜一〇月、ダンバートン‐オークス会議で、将来設置される国際連合の中心となるべき五大国にフランスの参加が決められ、一〇月二三日、米英ソはフランス共和国臨時政府を正式に承認するに至った。

一一月一一日、前大戦の休戦記念日にチャーチルはパリを訪れ、臨時政府首席ド゠ゴールとともに、「狂気じみて歓呼する群集のあいだを通って」凱旋門に至り、無名戦士の墓に花束を捧げた。彼は一九四〇年フランス敗北の当時を追想して、悪夢以外の何ものとも信じがたいとしている。その当時から四年あまり、フランスすなわち自己と考え、「フランスの偉大」のみを念ずるド゠ゴールとチャーチルはたびたび対立しつつ、ついにこの日に至ったのである。

❖スターリンとの交渉

戦局の進展につれて、チャーチルはバルカン対策をいよいよ急務と考えた。すでに一九四四年五月、彼はイーデン外相にイタリア、ユーゴスラヴィアおよびギリシアにおけるコミュニストの動きに関して、ロシアとの対決が近づいていると警告した。バルカン諸国では赤軍の進撃につれて、コミュニストの対独抵抗運動やゲリラ戦が活発化していただけに、共産化の可能性は濃厚であった。

ソ連の勢力拡大を恐れるチャーチルは、バルカン方面に関する取り決めの必要を感じた。一九四四年五〜六月、英ソ間で前者はギリシアで、後者はルーマニアで、それぞれ指導権をとることが決められ、勢力範囲設定に反対するアメリカには、チャーチルが戦時情勢にのみ適用される暫定的なものとして了承をとりつけた。アメリカは領土などの問題をすべて戦後の講和会

スターリンとの友好

議で決めたいと考えていたためである。

この四四年夏、チャーチルは前述のようにバルカン作戦を主張するとともに、ヒトラーのことは口にせず、共産主義の危険性や赤軍の進撃が念頭から離れないありさまであった。その年一〇月首相はモスクワを訪れ、スターリンとのあいだでバルカン方面の国々について、英ソ勢力の百分率を決める。それはルーマニアについてはロシア九〇パーセント、他一〇パーセント、ギリシアではイギリス（アメリカと一致して）九〇パーセント、ロシア一〇パーセント、ユーゴスラヴィアとハンガリーでは五〇パーセントずつ、ブルガリアではロシア七五パーセント、他二五パーセントである。

これらは簡単にまとまり、長い沈黙が続

いた。「鉛筆で書かれた紙はテーブルのまん中におかれたたままであった」。最後にチャーチルが「何百万人の人々の運命に関する問題を、こんなに即席に処理してしまったようにみえると、シニカルに考えられはしまいか？　この紙片を焼いておこう」と言った。スターリンは答えた、「いや、取っておきなさい」。

この勢力範囲設定についても、チャーチルは「急を要する戦時取り決め」、「一つの指標にすぎず、むろん合衆国に累《るい》を及ぼすものではなく、厳密な勢力範囲を設定する試みではない」などと、その暫定性を強調している。

なるほどチャーチルは決定的なことは後日に譲り、この一時的な百分率によって、ソ連のバルカン支配を制限するつもりであったと思われる。しかしこの比率はこれら諸国の政府の親英、親ソ閣僚の数の比であり、チャーチルもスターリンもそれを想定していたとみられており、その暫定的と称せられる分担がやがて事実上の勢力範囲設定となっていったと考えられよう。

このバルカンの反共政策として行なった、チャーチルのギリシアに対する干渉は有名である。一九四四年一〇月、ギリシアに上陸したイギリス軍はアテネにはいったが、そこではギリシアの左翼系勢力がしだいに強力となった。一二月アテネに内紛が起こると、首相は保守派援助のため現地軍司令官に「貴官は征服した都市で局地的反乱が進行しつつある場合のように、ためらわず行動されたし」とか、あるいは「われわれはアテネを保持し支配しなければならぬ。貴官が流血を見ずしてこれに成功すれば大いによろし、必要ならば流血を辞さず、実行されるもよし」と通告している。

これまでドイツと戦ってきたギリシアの愛国者たちを、イギリス軍が殺害し、しかもそのためにイギリス軍はアメリカが貸与した武器を使用していたこと、それらはイギリスでもアメリカでも、大きな非難を引き起こした。一時的ではあったが、米英関係は戦争中かつてないほど緊張した。

結局イギリスは左派の鎮圧に成功し、バルカンではギリシアだけが共産化をまぬかれ、議会も政府の立場を支持した。のち「冷戦」のなかで書かれた回顧録には、「……私自身は何らの疑いも抱いていなかった。というのはナチズムとファシズムの敗北後、文明が直面しなければならぬ危険はコミュニズムであることを、私は明瞭に見ぬいていたからである……」と昂然《こうぜん》たる文字が見受けられる。

このとき印象的なことは、モスクワからは何の批判も公表されなかったことである。またスターリンは、その後ヤルタ会談（一九四五年二月）でイギリスのギリシア政策を肯定し、ギリシアをイギリスの勢力範囲と認めるような発言をさえしている。これはソ連が先の分割に従ってギリシアをイギリスの勢力範囲と認め、一方、米英もソ連の勢力範囲を認めるものと解したと考えられよう。

勝利のかげに

❖ポーランドをめぐって

一九四五年二月、ソ連領クリミア半島のヤルタで米英ソ三巨頭会談が開かれた。会談ではまずドイツの無条件降伏が確認され、またドイツ処理の諸事項が議せられた。フランスが米英ソとともにドイツの一地域を占領し、かつドイツ管理機構の第四の成員となることが決められたが、これを強く主張したのはイギリスである。イギリスは将来のドイツとソ連に対抗してゆくため、フランスを大国としてヨーロッパの勢力均衡を保つ必要があった。

国際連合の構想も先のテヘラン会談、ダンバートン＝オークス会議（一九四四年八～一〇月）を経て、ヤルタにおいてますます具体化された。すなわち拒否権など議決手続方式が決められ、また四五年四月末に、サンフランシスコで連合国会議を開くことも決定された。

ヤルタの重要問題の一つはポーランドに関するものである。イギリスとしてはこのポーランドを援助して戦争にはいったわけであり、一方、過去三〇年のあいだに二度もこの方面からドイツの攻撃をうけたソ連にとって、とくにポーランドに対する安全保障こそ、揺るがせにできない大問題であった。

大戦当初に敗北したポーランドの政府はロンドンに亡命し、イギリスの保護をうけていた。国境問題はこの反ソ的な亡命政府が承認しないままにテヘラン、ヤルタ、その後のポツダム諸会談を経て、米英ソ間でだいたい取り決められた。チャーチルは国境問題でソ連が有利になってもやむをえないが、新しいポーランド政府には親西欧派を入れたいと考えていた。ルーズヴェルトはチャーチルに同調したが、当時アメリカにとってイギリスほど、ポーランドや東欧問題は切実ではなかった。

赤軍による解放が進むにつれて、ポーランドでは亡命政府とは別に親ソ的な臨時政府ができていた。ヤルタではさらに新しいポーランド政府をいかに構成するかが論議の中心となり、結局、臨時政府に国内および国外（つまり亡命政府）にいる民主的指導者を加えて新政府をつくる、成立した政府はすみやかに議会の自由な普通選挙を実施することなどが同意された。この取り決めは、当時ポーランドの大半を赤軍が占領していた状勢を思えば、むしろスターリンの譲歩という見解もあるほどだ。

しかし、ソ連は実質的には現臨時政府と変わらない新政権を成立させたく、米英はこれに親西欧派を強めることを望んだ。したがってヤルタ会談後、政府の問題については進展せず、むしろ米英とソ連間の対立が明らかとなった。結局六月末ワルシャワに成立した新政府、すなわちポーランド国民統一臨時政府の指導権は、親ソ派に握られることとなり、米英はこれを承認することをよぎなくされた。しかも約束された自由な民主的選挙は、決してすみやかに実施されなかった。

この自由選挙は、とくに米英側が強い関心を持っていたものであるが、ソ連は東欧におけるコミュニストの支配体制を崩されるという政治的配慮から、その実施を避けたものとみられる。

❖米ソの取り引き

次にヤルタ会談を有名にしたのは、ソ連の対日参戦に関する秘密協定であろう。太平洋の戦いでは一九四三年から反撃に移ったアメリカ軍は四四年一〇月フィリピンに上陸し、ヤルタ会談が始まったころ、マニラを奪回する戦況であった。しかし日本の戦力を過大評価したアメリカは、対日戦が一九四六年後半まで続き、自国だけでも一〇〇万以上の死傷者を予測していた。当時、原子爆弾はまだ完成していなかった。

すでに日米開戦のころからアメリカはソ連の対日戦参加を望んでいたが、ヤルタではこれに関する秘密協定が、米英ソ間で作成された。それはドイツ降伏とヨーロッパにおける戦争終了後、二か月または三か月以内に参戦し、その条件はソ連が、主として旧帝政ロシアが日露戦争で失ったところを回復すること、南樺太や千島列島を獲得することなどであった。

この協定は領土の不拡大を含む大西洋憲章などに反しており、また当時すでに病気ともいわれた大統領がソ連に過大な権益を与えて屈服し、戦後の極東情勢に影響を及ぼすことになったものとして現在まで強い批判をうけている。しかし問題は、アメリカが日本軍の抗戦能力を誤認し、また戦後の極東情勢よりも日本を敗北させること、すなわち軍事的な面をもっぱら考慮していたところにあったというべきであろう。

それにしてもこの協定は米ソ両首脳の大国主義的な取り引きであった。最も関係深い中国に相談されなかったのみならず、協定作成に際して、多年中国と関係をもつイギリス側も意見を求められることなく、交渉はルーズヴェルト、スターリンら米ソ間で行なわれ、イギリス代表は参加しなかった。

チャーチルはこれはアメリカの軍事行動に関する事柄で、われわれは相談をうけず、ただ承認を求められただけで、責任はアメリカの代表にあると回顧録で簡単に片づけている。しかしソ連の東アジア進出を許すこの協定について、イギリス代表のあいだに反対が強く、イーデン外相はチャーチルに署名しないようにすすめた。しかし首相は好むと好まざるとにかかわらず、もし署名しなければ、極東におけるわれわれの権威は失われてしまうであろうと思って、外相の言を退けた。

これはまた、米ソにはさまれてイギリスの地位が低下してゆく一つのエピソードであろう。それにしても、チャーチルが代表するイギリス帝国主義に敏感であったルーズヴェルトが、どうしてソ連勢力の拡大を警戒しなかったのか。

長らく孤立主義を続けていたアメリカにはヨーロッパの実情と距離があり、また当時アメリカは——その後の冷戦を思うと奇妙にひびくかもしれないが——イデオロギーのうえではともかく、直接の現実的利害においてソ連と対立関係にはいっていなかったことが、大きな理由と思われる。

しかもルーズヴェルトは親ソ的な人物であった。彼は米英ソ三大国の友好関係を世界平和の条件としており、とくに国際連合を成立させるため、ソ連の協力を必要としていた。また大統領はスターリン個人に対して、ある場合にはチャーチルに対する以上に親近感を抱くとともに、自信過剰といわれるほどスターリンを左右できると思い、さらに国際機構によってソ連を制御しうるものと考えていた。そしてソ連首脳も、この進歩的で民主的な大統領に信頼をよせていたとみられる。

ともかくヤルタ会談後まもなく、前述のように米英とソ連とのあいだに対立が生じたが、大統領は自分の努力によって解決できると思い、そのためにはモスクワに行ってスターリンと会

追悼　　左端はルーズヴェルト未亡人

見してもよいと考えていたらしい。しかしこれは永久に実現しなくなった。すでに第四期の大統領の職にあったルーズヴェルトは一九四五年四月一二日、脳溢血によって急死した。それは静養地ウォームスプリングスで、肖像画を描かせている最中であった。

チャーチルは議会における追悼演説のなかで、「ヤルタで私は大統領がわずらっていることに気づいた。魅惑的な微笑、快活でチャーミングな態度は失われてはいなかったが、顔はすき通って清らかであり、その目はしばしばはるか遠くを見つめているようだった……」と述べ、次のように結んだ。

「……いまやわれわれとしてはこう言うのみである。故フランクリン＝ルーズヴェルトの死において、われわれにとってかつてなき最大のアメリカの友が、新世界から旧世界へ援助と慰めとをもたらしてくれた最大の自由の闘士が、永遠に去ったのだと」

❖独裁者たちの最後

一九四五年春、戦いは最後の段階に達した。この年にはいって、米英空軍によるドイツ爆撃は一段と激しくなった。ベルリンはむろんのこと、ドイツ諸都市が対象となったが、とくに二月中頃、イギリス空軍のドレスデン空襲によって市は荒廃に帰し、何万という市民が死亡した。一方ヒトラーが最後の望みを託した一種の誘導弾、その使用が半年早かったならば戦局を一変したかもしれないといわれるこの新兵器も、発射基地を奪われてはむなしかった。

すでに軍事的勝利を時間の問題とみたチャーチルは、プラハ占拠やベルリン攻略に関してルーズヴェルト、その後任のトルーマン大統領、アイゼンハワー連合軍総司令官に、これらを赤軍に委ねることなく米英軍をもってすることを要望した。しかしアメリカは目標を軍事上に限って、チャーチルの政治上の意図を退けた。

一九四五年三月、米英連合軍はライン川をこえ、四月一三日赤軍はウィーンにはいった。そして二五日午後、米ソ両軍はザクセンのトルガウにおけるエルベ川の橋上で相会した。両軍の兵士たちは喜びの固い握手をかわし、再び戦争を起こさないことを誓いあった。二八日、ソ連軍はベルリンに突入していた。

ヒトラーがムッソリーニの悲惨な最後について伝え聞いたのは、二九日夜であったと思われ

握手する米ソの兵士たち

る。

一九四三年九月、監禁されていた山荘からドイツのグライダー部隊によって劇的に救出されたムッソリーニは、その後北伊にイタリア社会共和国をつくったが、これはドイツの傀儡《かいらい》政権にすぎなかった。一九四五年連合軍の進撃につれて、北伊にも反ファシズムの抵抗運動が高まった。四月中頃、ムッソリーニはスイスへ亡命しようとしたが成功せず、二七日コモ湖畔でパルティザンに捕えられた。見捨てられたムッソリーニのもとへ、このときみずからおもむいたのは情人クララ＝ペタッチであった。そして二八日、二人は射殺されてしまった。

二九日朝、二人の死体はミラノのある広場に運ばれ、群衆はこれをけり、踏みつけ、つばをはきかけた。一人の女はピストルを射ちこんだ。

「五発よ、殺された五人の息子のために」

さらに二人の死体は焼け跡の鉄骨に逆さづりにされた。

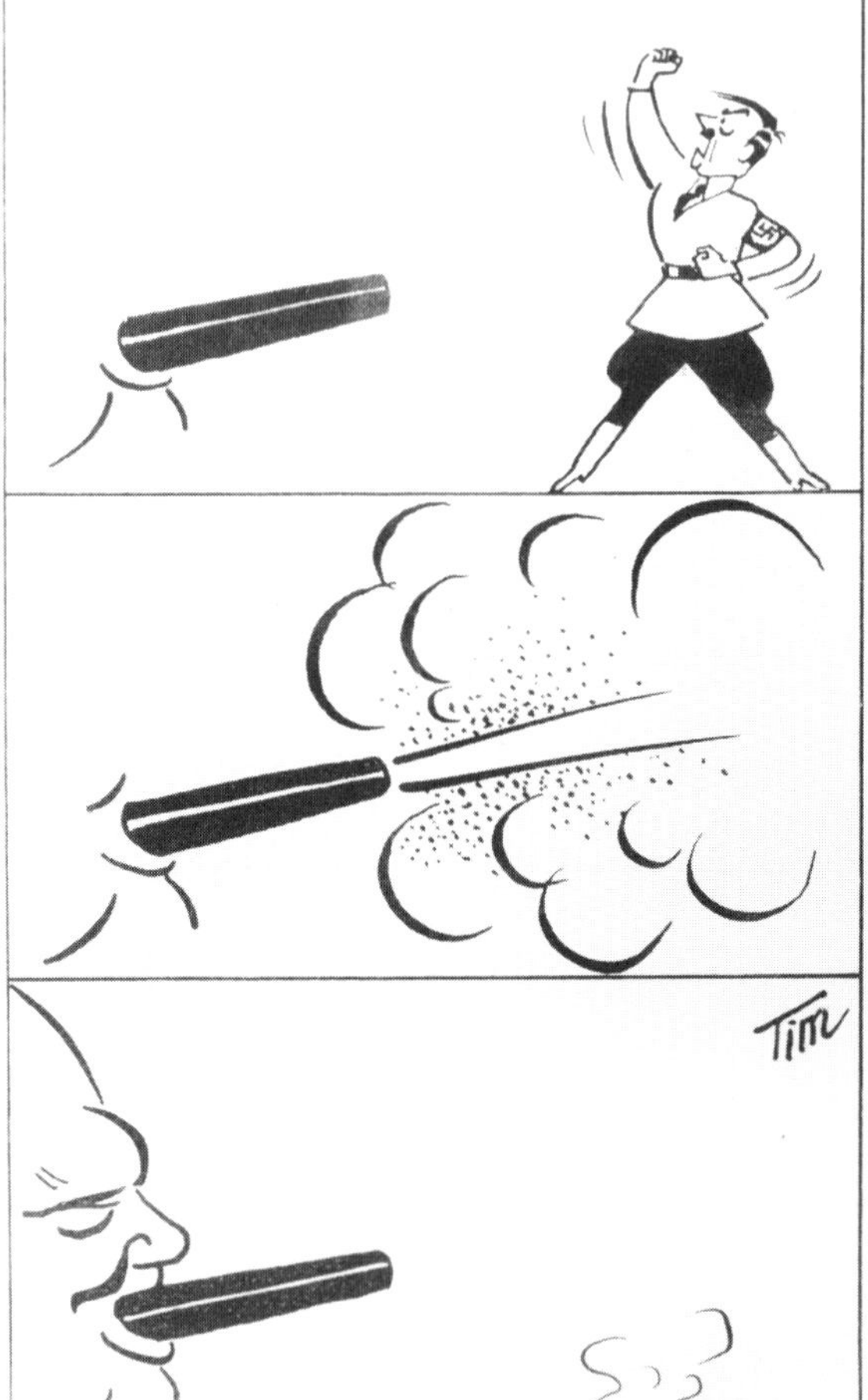

ヒトラー吹き飛ぶ

DAILY HERALD

Good Morning! This Is VE-Day (Official)

EUROPE AT PEACE

Whole German Nation Surrenders

THOUSANDS JOIN IN PICCADILLY REVELRY

SIGNING TO-DAY: P.M. SPEAKS

By ERNEST JAY Political Correspondent

THIS is VE-Day. The War in Europe is over. Final act, the signing of the formal surrender terms, will take place today.

The official announcement will be made in a broadcast by Mr. Churchill at 3 p.m. Simultaneous announcements will be made in Washington and Moscow.

'WE ARE IN THE VICTORS' HANDS'

Why It Was Delayed

King To Broadcast

Joy-Crazed Crowds Lit Bonfires In Streets

THE KING'S THANKS TO IKE

WARNING OF NAVAL BATTLE

From Wallace King

AGREED ON 'OAKS' REVISION

CZECHS TOLD OF

4 a.m. Edition

特大ニュース！

四月二〇日に五六回目の誕生日を迎えたばかりのヒトラーは、総統官邸の地下防空壕にとどまっていたが、いよいよ最後のときがきたと決意したようである。二九日、彼は宣伝相ゲッベルスたちの立会いのもとに、エヴァ＝ブラウンと簡略な結婚式を挙げた。二人の関係はこれまで一般には知られていなかった。彼女は危険をかえりみず、四月一五日官邸に現われ、ヒトラーが送り返そうとしても聞きいれなかった。式の署名のとき、彼女は「エヴァ＝ブラウン」と書き始め、すぐ大文字のBを消し、「エヴァ＝ヒトラー、原姓ブラウン」と訂正した。

三〇日、昼食後ヒトラーは一同に別れをつげ、エヴァとともに私室にはいり、やがて二人は死体となって発見された。ヒトラーはピストルで、エヴァは毒物で自殺したものと推測されている。

死体はすぐ庭に運ばれて焼かれた。午後三時三〇分ごろのことである。

五月二日、ソ連の兵士たちはベルリン国会議事堂に赤旗をひるがえした。七日、ドイツ軍は降伏してヨーロッパの戦いは終わった。これより先、ドイツは米英側に対する単独講和の動きを示しており、米英ソ連合の離間をめざし、反ソ・反共において米英に接近しようとしたのである。そしてベルリン陥落後の最後の段階において、ヒトラーのつかの間の後継者デーニッツはまず米英側と和平し、全面降伏を避けようとした。

しかしこれは許されず、北フランスのランスのアイゼンハワー司令部で、五月七日早朝ドイツ軍の代表は降伏文書に調印した。これにはソ連代表も出席していたが、ドイツの動向を疑ったスターリンは、さらにベルリンにおける調印を要求し、九日未明そのジューコフ司令部でドイツ軍は改めて降伏の手続きをとった。これで初めてスターリンは勝利を布告したのである。

ところでランスにおける降伏は正式発表をまって一般に公表されるはずであったが、アメリカ人の一従軍記者が協定を破ってすっぱぬいてしまった。これは史上最大のスクープとも、最も卑しい裏切りともいわれているが、ともかくこのため米英当局も黙していられなくなった。そこでチャーチルとトルーマンとは、スターリンの同意が得られないままに五月八日を「V-Eデー」、つまり「ヨーロッパ勝利の日」と布告したといわれる。

ドイツ降伏を放送する

❖戦火の果て

五月八日午後、放送を終えたチャーチルは官邸を出たが、群集のだれもかれもが握手を求めるので、その自動車はエンジンをかける必要もなく、人波におされて議会に着いた。それからバッキンガム宮殿を訪ねたのち、首相は保健省のバルコニーから群集によびかけた。

「神のめぐみ、諸君の上にあらんことを。これは諸君の勝利である！……われわれの長い歴史において今日ほど大いなる日はない。すべての者が、男子も婦人も、最善を尽くした……長い年月も、いかなる危険も、敵の苛烈な攻撃も、英国民の独立自主の決意を弱めえなかった。神のめぐみ、諸君の上にあらんことを」

この「これは諸君の勝利（your victory）であ

バルコニーから

る」という声にこたえて、群集は口々に叫んだという、「これはあなたの勝利（your-victory）である！」

その翌日も首相は同じバルコニーから短い演説をしたのち、イギリス人が愛唱する「ルール・ブリタニア」を歌い始めた。群集もこれに和して、一大コーラスがロンドンの町々にひびき渡った。ウィンストン＝チャーチルの長い生涯にあって、おそらくは最良のときであった。この二日間、チャーチルはまるで「遠足に出かけた学童のように喜んでいた」。

たしかにチャーチルは偉大な指導者として反ファシズム戦争を戦いぬいた。これを認めない者はあるまい。しかし前述のように、当時すでに彼の戦争指導について批判があった。その一つはカサブランカ会談（一九四三年一月）以来採用された連合国の基本方針、すなわち枢軸諸国、なかんづくドイツに対する「無条件降伏」の問題である。これこそ「米英の戦争政策最大の誤りの一つ」として、論議の的となったものだ。

この政策はドイツを焦土抗戦に追いやって戦争を長びかせ、その間ソ連勢力の東欧、バルカン進出を許したのみならず、ドイツを徹底的に破壊することによって、反共防壁としてのドイツの復興を遅らせることになったという批判である。まさに大英帝国を脅かすナチス＝ドイツが倒されたとき、それ以上に恐ろしい国の進出によってヨーロッパの勢力均衡は破られ、イギリスも脅かされるに至ったではないか。

それは、反ソ・反共をもって最大の政治的信念とするウィンストン＝チャーチルにとって、何という皮肉な結果であろう。そして後年、チャーチル自身もこれを認めざるをえなかったではないか――「すべてが語られ、すべてが行なわれてしまったとき、第二次世界大戦の長い苦悩と努力ののち、ヨーロッパのなかばは一人の独裁者を、他の独裁者と取りかえたにすぎないようにみえた」（一九五七年）。

反ソ・反共のチャーチルを前面に出すとき、こうした批判は一理あるようだ。しかしそれはあまりにも結果論的であろう。イギリスがソ連と結んでドイツに相対抗した当時、大英帝国の死活に関する敵はドイツであり、その和平提案を退けて、この宿敵に打ち勝つことが急務であった。ナチズムを倒すことができさえすれば、チャーチルは悪魔と結んでもよいのだといわれるありさまであった。

このとき、米英とソ連の同盟のみがナチスを倒しうる条件であったのだ。そして当時、世界中の大部分の人々がソ連の力を過小評価していたのであり、たとえソ連がヨーロッパ大陸の最強国になるという予測ができたとしても、ドイツによる直接的危険にくらべれば、まだなお非現実的なものであった。それが急速に現実化したとき、チャーチルの政治的配慮はアメリカの軍事的計画によって制せられる。しかも一度形成され、動き出した軍事上の大同盟を戦争の最中に破ることは至難であろう。まして「第二戦線」を遅らせたイギリスとしては、その間独ソ接近をたえず警戒し、ソ連を米英側に引きつけておかねばならぬ立場にあった。「無条件降伏」にしても、一つには米英とドイツとの取り引きや講和を警戒するソ連に対して、米英側の戦争完遂の決意を示す意味を持ったともみられよう。そしてルーズヴェルトの死後、アメリカ内部の主導権を反ソ勢力が握ったとき、ソ連の東欧進出はすでに動かしがたい事実となっていた。ドイツとの戦争に最も大きな犠牲を払い、その勝利に最も貢献したソ連にとって、それは当然のことであったかもしれない。

III

ある時代の終わり

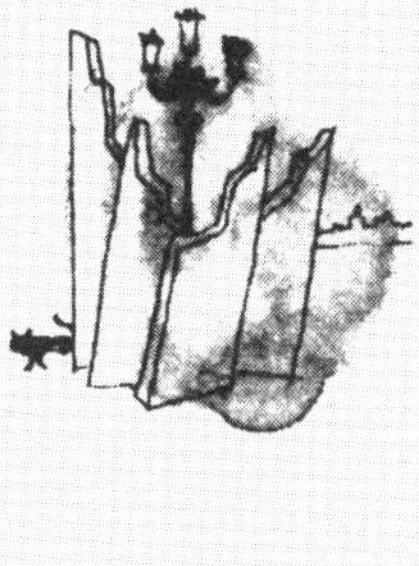

国民の審判のもとで

❖ポツダムまで

　ドイツに対する勝利とともに、イギリスでは選挙気分がもり上ってきた。戦争のため選挙が行なわれず、当時の庶民院は一九三五年に選出されたままであった。そこでチャーチルは、ドイツとの戦争が終わりしだい、議会を解散し、選挙を行なうことを発表していた。いざそのときがくると、さすがに彼は対日戦争が終わるまで、このまま指導を続けたいと思った。しかし対日戦争が終わる時機が不明な段階では、労働党は公約の実行を迫り、保守党としても対独戦勝の余勢をかって、その興奮がさめないうちの選挙を有利と判断した。

　六月中頃、庶民院は解散し、七月五日が投票日と定められた。チャーチルは自信満々、選挙戦にのぞんだ。彼は至るところでV字形の指を示しながら、熱狂的な歓迎をうけた。しかし調子にのった彼の演説は、他の保守党員さえ困惑するようなものであった。彼は労働党の社会改良主義政策を全体主義ときめつけ、イギリスにあの恐るべきゲシュタポ（ナチスの秘密警察）による弾圧政治をもたらすものと非難し、アトリーをはじめとして昨日まで協力してくれた労働党員を、指名して攻撃することも辞さなかった。

一方、労働党は「未来に直面しよう」という宣言書のもとに、イギリス銀行、石炭・鉄鋼産業、運輸機関の国有化、社会保障など、明確な諸政策を打ち出した。当時、「労働党は政策をもって投票箱に向かう。保守党は（チャーチルの）写真をもって行く」といわれた。そしてチャーチル内閣が社会政策上で不徹底であることや、その一九世紀的な植民地政策に対してはすでにかなりの批判があびせられていた。

国民は感情にとらわれることなく、賢明にも判断した。チャーチルは偉大な「戦争の人」であり、大英帝国の護持者であるとしても、戦後の建設についてはアトリー、すなわち労働党の政策のほうが信頼するにたると。また次のような一婦人の感想も、多くの大衆が共感するところであったかもしれない。

「勇敢な老ウィンストン、何というおえらい方、しかしひどくお疲れのようだ、少しお休みになっては……」

一般の国民は七月五日に投票したが、各地の軍隊の票が集まってくるのを待って、開票は二六日にのばされた。このあいだに保守党の勝利を信じつつ、七月中頃にチャーチルはベルリン近郊のポツダム会談におもむいた。ヨーロッパにおける戦後対策と、最終段階の対日戦争について議する必要があったのである。

チャーチルは対独戦勝利後、「歓喜するロンドン市民の群れにもまれながら」、将来のことを考えて心は重かったと回顧録に記しているが、それはやはりソ連の進出のためである。すでに四五年五月一二日付トルーマン大統領あての書簡には、「鉄のカーテンが彼らの戦線におろされています。その背後で何が生じているか、われわれにはわかりません……」と、のちに有名となる「鉄のカーテン」という言葉が使用されている。またこの同じ文中で首相は米英軍が既存の協定に基づき、ソ連占領地区から自国の地区へ撤退する前に、個人的会見による対ソ関係調整の要を指摘した。

さらに首相は、米英ソ会談を早く開くことを望みつつ、六月四日には、アメリカ軍の撤収はソ連の力を西欧の心臓部に引き入れ、東西間に「鉄のカーテン」をおろすものと遺憾の意を表明する。しかしアメリカはチャーチルの政策に賛同しなかった。

戦後しばらくして、チャーチルは、「戦争中あなたが犯したと思う最大のあやまちは何か」と聞かれて、「むろんルーズヴェルトの死後、トルーマンに会いに行かなかったことだ。それから三か月間にたいへんな決定が行なわれたが、知らない人によって行なわれたという感じがした……」と答えていることに注目しておきたい。そしてまたのちに、彼はポツダム会談は遅きに失した、一九四五年の五月か六月に会談すべきであったと悔やむのである。

❖急転直下

ポツダム会談で多くの時間がかけられたのは、ポーランドの国境と政権の問題であった。またこの会談ではドイツ問題処理に関するポツダム協定が成立し、日本に対して戦争終結の条件を示したポツダム宣言が発表された。そして会談初日の七月一七日午後、チャーチルはアメリカ側から一枚の紙片を渡されたが、それには「赤ん坊たちは満足に生まれた」と書いてあった。これは原子核爆発の実験に成功したという意味である。

連合国は日本本土作戦によって多くの損失が出ることを恐れていたが、いまやその心配は消え、さらにソ連軍を必要とすることもなくなり、こうして「原子爆弾を使用すべきか否かについては、一瞬の議論の余地もなかった」。これは米英関係者全員の全く一致した意見であり、その使用は敵味方の無用な生命の浪費を救って、戦争を早く終わらせて世界に平和を与えるものだと、チャーチルは結論している。また少しのちに、彼はもしドイツや日本がこの新兵器を発明していたら、われわれに対して使用していたであろうとも言った。なおポツダムでトルーマンが原子爆弾について語ったとき、スターリンはほとんど関心を示さなかったという。

七月二五日の午後、開票を気づかってチャーチルは本国に帰った。翌二六日の昼すぎ、大勢

首相交替

は保守党の不利を伝える。開票の結果は三九三議席対二一三議席で労働党の勝利であった。チャーチル自身は当選したが、ただちに首相の地位を退き、アトリーがこれに代わってポツダム会談にも参加する。

チャーチルが中途からポツダム会談に出席しなくなったことは——アトリーは同行を求めたが、チャーチルは応じなかった——ソ連を有利にしたと思われる。「私がなお大きな影響力と権限とを持っていたときに、舞台から退くことになったので、満足すべき解決に達しえなくなった」と彼は回顧録にも記している。

この政権の交替は個人的な感情におぼれぬ英国民の政治上の聡明さを示すものであろうが、チャーチル自身としては自信があっただけに、強い不満を感じたらしい。

「……（一九四〇年）五月一〇日の夜、この容赦ない戦いの開始に当たって、国家の主要権力が私に与えられた。世界戦争の五年と三か月のあいだ、私はますます権威を高めつつ、これを行使した。そしてわれわれのすべての敵が無条件降伏し、あるいはまさにそうしようとしているときに、私はイギリスの有権者によって、今後国事を指導する任務から追われたのである」

後年のこの文章は高い調子をおびているが、このときは落胆もいちじるしく、飛行機事故によって、あるいはルーズヴェルトのように死んだほうがましだとか、もうベッドから起きる理由もなくなった、栄光の日々は終わった……と嘆いている。

友人たちの多くは、彼に議員の職を離れ、保守党党首をも辞して文筆活動に専念することをすすめた。この現存の政治家中、世界最大ともいうべき人物がこれ以上議会政治のかけひきのなかで、肉体や神経をすりへらす必要はあるまい。しかし「下院の子である」チャーチル、気を取り直した「イギギリスのブルドッグ」は議員をも党首をもやめなかった。それらを確保しておくことこそ、次の選挙で再び首相官邸ダウニング街一〇番地に返り咲き、このたびの「汚名」をそそぐ条件であろう。

❖福祉国家へ

一方、太平洋の戦いでは、アメリカ軍が一九四五年二月硫黄島に、四月沖縄に上陸、日本本土各地もあいつぐ空襲にさらされていた。しかも日本はポツダム宣言を無視したので、八月六日広島へ、九日長崎へ、アメリカは原爆を投下したが、これは日本に対する戦略よりも、ソ連参戦以前に日本を降伏させるためであり、またソ連に新兵器の威力を示すためであったといわれる。しかし八月八日、ソ連はヤルタ協定どおりドイツ降伏後三か月目に、日本に宣戦布告して満州に軍を入れた。ここに至って八月一四日、ついに日本はポツダム宣言を受諾して降伏する――。

こうして太平洋戦争を含めての第二次世界大戦は、反ファシズム民主諸勢力の勝利に終わった。しかし大戦はヨーロッパを荒廃させ、イギリスでもかつての大英帝国の勢威はますます失われていった。対外債務を負い、貿易・産業は衰退し、衣類・住宅・食糧など国民の日常生活も苦しかった。こうした情勢のなかで労働党政府は公約に従い、イングランド銀行の国有化をはじめ、石炭・ガス・電力など、重要企業や運輸通信機関の国有化を行ない、また社会保障諸政策を実施し、失業・住宅問題の解決につとめ、いわゆる「揺り籠《かご》から墓場まで」の福祉国家の体制を進めていった。

ある席でイギリス労働党の創立者はだれかという議論を聞いたチャーチルが、「クリストファ゠コロンブス」と思いがけない名をあげた。その理由を問われて、彼は平然と答えた。

「クリストファ゠コロンブスは出発のとき、行き先を知らず、到着したとき、どこへ来たのか知らなかった……そして万事他人のお金でやってのけたしね」

たとえ野党党首としてのゼスチャーがあったとしても、チャーチルは労働党の国有化政策に時代錯誤的な無理解を示している。そして彼は、戦後イギリスの経済的不振がこの国家による統制化、個人の創意を重んじる自由主義経済の抑制にあるというような意見をしきりに述べ、労働党指導者たちを「気が狂ったような理論と個人的無能」の人たちとまで酷評した。これを見て、党内の一部にはチャーチル引退論、アンソニー゠イーデン新党首論も出るようになった。

しかし当人は、このイーデンをからかうありさまであった。

「グラッドストンが最後に組閣したとき、八四歳だったよ」

冷戦から平和共存へ

❖フルトン演説

しかし、対外的にはウィンストン=チャーチルが、新しく脚光をあびて立ち現われる機会があった――。

戦争による大きな損害にもかかわらず、急速に国力を復興してきたソ連は東欧、バルカンに勢力をのばし、その援助のもとにこの地域にいわゆる人民民主主義諸国が生まれた。端的にいって、それらはソ連の衛星国である。一方、資本主義諸国においても、とくにイタリアやフランスのように戦後、共産党や社会党などの力がいちじるしく強化された。さらにアジアやアフリカなどに高まった民族独立運動のなかにも、共産主義勢力がひろまった。

こうした動きと対立したのは、いうまでもなくアメリカ合衆国である。いまや世界資本主義を支配するアメリカにおいて、ルーズヴェルトの死後、彼に協力していた親ソ的な人々はしだいに後退し、すでに戦争末期から反ソ・反共勢力が軍部、大資本などの支持を得て政局を指導しつつあった。

一九四六年三月五日、当時訪米中のチャーチルはミズーリ州フルトン市において、「鉄のカーテン」という言葉を世界的なものとした。

「バルティック海のステッティンからアドリア海のトリエステに至るまで、大陸をよぎって鉄のカーテンがおりている。その線の背後には、中央および東ヨーロッパの古い国々のすべての首都がある……これら東欧諸国ではなはだ弱小であった共産党が、いまや優越し、その数にふさわしからぬ権力の座につき、至るところで全体主義的統制をしこうとしている。警察政府がどこでもはびこり、チェコスロヴァキアをのぞいては真のデモクラシーは存在しない……」

そしてチャーチルはこの地域に対するソ連の支配を攻撃し、「英語国民の兄弟としての結合」に基づき、米英両国は協力してソ連の進出に対抗すべきことを説いた。

これにこたえてスターリンは、チャーチルの演説が旧連合国間に不和をもたらし、反ソ戦争を挑発するものと非難するとともに、米英を一方的に重視することはヒトラーのドイツ民族至上主義に通ずると、またヨーロッパにおける共産主義の拡大は、反ファシズム戦争に各国共産党が率先して勇敢に戦った結果と論じた。本国では労働党もこの演説に反対を表明した。

しかし一九四七年三月に宣言された「トルーマン＝ドクトリン」は、いわゆる「封じこめ政策」、「力の政策」に立って、フルトン演説にこたえつつアメリカの反ソ・反共政策を表明し、「冷たい戦争」の展開に一時期を画した。そしてアメリカは原爆を大量に製造し、「マーシャル・プラン」によってヨーロッパ経済復興に乗り出し、北大西洋条約機構（NATO）によってヨーロッパ諸国とともに反ソ体制を強化した。

この間ヨーロッパ諸国のあいだに「ヨーロッパ合衆国」運動が進展したが、その有力な主唱者はチャーチルである。一九四六年九月、チューリッヒにおける彼の演説は大きな推進力となり、彼自身イギリスにおける欧州統合運動の委員長となる熱心さであったが、その心底には反ソ・反共体制としてのヨーロッパ統合があったことはいうまでもない。

しかしこの運動自体は具体化となると、各国の国家的主権の障害、経済力や軍事力の相違などもあって、きわめて複雑、困難な問題である。一時は熱中したチャーチルも、イギリス人が総じてこの運動に冷淡で支持者も少ないとなると、次の選挙のことも考えてしだいに興を失っていったようである。

一方、一九四八年二月、西欧に開かれた唯一の「東欧の窓」チェコスロヴァキアも、クーデタによって共産化した。三月、この衝撃のうちに英・仏・ベネルックス三国は西欧連合を成立させ、相互の軍事援助を約する。四八年六月〜四九年五月のベルリン封鎖のうちに東ドイツ、西ドイツの分裂は決定的となった。そして四九年九月、ソ連の原爆所有が明らかとなってアメリカの独占は崩れ、その「力の政策」の最大の支柱が動揺し、一〇月、中華人民共和国の成立によって世界の共産勢力は一段と強化される。

❖首相に返り咲く

労働党政府は米ソ間に立つ「第三勢力」として、世界平和を維持したいと考えていた。しかし、イギリスは国力再建のためにアメリカの援助をうけざるをえず、マーシャル＝プランに参加し、しだいに政治、軍事上でもアメリカに接近して中立的立場を捨てた。さらにイギリスは西欧連合や北大西洋条約機構参加によって、反ソ的性格を明示しつつ軍備を強化するに至った。

この労働党が直面した大問題は、民族運動の高揚であった。まずアイレ（アイルランド）が正式に独立し、インド、パキスタン、セイロン（この三国はイギリス連邦にとどまる）、ビルマの独立は、イギリス多年の東南アジア支配を後退させ、またトランス＝ヨルダン、パレスチナの独立（イスラエル共和国）は、その中近東支配を動揺させる。「大英帝国の守護者」ウィンストン＝チャーチルが野党党首という地位において、この帝国の解体を非難し慨嘆したことはいうまでもない。しかしインドシナ戦争やアルジェリア問題で、泥沼にはいったフランスと対比してみても、労働党政府の植民地政策はだいたいに時宜を得たものといわれている。なお一九四九年、イギリス連邦という名称はたんに「連邦」と改められ、連邦内諸国のイギリス国王に

老夫妻

対する忠誠義務もなくなった。

　労働党の努力にもかかわらず、その耐乏政策や社会政策はしだいに批判を招き、またその対米依存、反ソ政策も党の性格を弱めるに至った。一九五〇年二月の総選挙では労働党三一五議席、保守党二九八議席で、二〇に満たぬ差にすぎなかった。この少差では政権維持が困難である。

　一九五一年一〇月の総選挙の結果は保守党三二一議席、労働党二九五議席、こうしてチャーチルは野にあること五年あまり、初めて保守党だけの内閣における首相の地位に返った。七七回目の誕生日の少し前のことである。

　チャーチル内閣は耐乏政策をうけついだが、国際収支の均衡に成功して五三年ころになると、ある程度耐乏の緩和をはかることができた。また鉄鋼業など一部の産業の国有化を廃止したが、その他は労働党施政の成果に従い、こうして国有化政策がもはやイギリスの現実であることが示された。

この間一九五二年二月ジョージ六世が世を去り、エリザベス二世が即位、翌年六月戴冠式《たいかんしき》が行なわれた。国家的行事の主催、とくに追悼や慶祝の演説はチャーチル得意中の得意であり、一週間続いた葬儀のおりなど、その一刻、一刻を首相は楽しんでいるのではないかと、議会ではささやかれたほどであった。戦争の辛苦を耐えぬいたジョージ六世に捧げられた首相の弔辞

ガーター勲章を受ける

は、間接的な自賛であったともいわれる。

一九五三年にチャーチルはガーター勲章を授けられた。四五年の総選挙に負けた直後、彼は「イギリスの選挙民によってお尻をどやされたあとで、どうして陛下からガーター勲章を受けられましょうか」と、一度これを辞退している。いまこの勲章を授けられたことによって、今後チャーチルは「サー」、夫人は「レディー」の称号でよばれる。夫人といえば、長らく名のってきた「ウィンストン＝チャーチル夫人」、栄光に満ちたこの名前にいまさら称号をつけねばならないことを、かえって地位を低めるように感じたという。

❖緊張と緩和

一方、一九五〇年六月からの朝鮮戦争によって国際的緊張は頂点に達し、世界戦争の危機が濃厚であった。こうしたとき「戦争の人」チャーチルの登場は、国の内外に一種の衝撃を与えた。彼の反ソ・反共的言辞はますます高まっていたし、また彼はアメリカの南朝鮮援助を歓迎し、この断を下したことによって、トルーマン大統領はアメリカ最大の大統領に列せられるべきだと論じたりしていた。

しかし原水爆戦争（一九五二年アメリカ水爆保持）に反対し、平和を求める国民や世界の世論も強い。また新たな世界戦争においてはもはやイギリスの生存が危うく、イギリスみずからが生き続けるためには世界平和が必要であり、したがってイギリスはとくに米ソ間の戦争を避けるように努力しなければならない。こうして戦争指導者として名声を得たウィンストン゠チャーチルは、いまや腹心の外相イーデンと協力して、いわゆる「平和共存」のために米ソ間調整に動く。

一九五三年三月五日、スターリンが世を去った。チャーチルはルーズヴェルトに対するのとは違って、形式的な哀悼の辞を述べただけであったが、このソ連指導者の死の前後から世界情勢もまた「雪解け」に向かってゆく。

イギリス外交は朝鮮休戦協定成立（一九五三年七月）を経て、一九五四年四〜七月のジュネーヴ極東平和会議で実を結んだ。これは数年にわたるインドシナ戦争に関する休戦協定が成立した会議であるが、イギリスはアメリカの軍事介入という強硬策に反対し、この協定を成立させるうえで大きな役割を果たした。またチャーチルは国際問題の調整のため首脳会談を主張し、一九五三年一二月、大西洋上のバミューダ島でアメリカ大統領アイゼンハワー、フランス首相ラニエルと会見した。ただしソ連を含めての首脳会談は、その在職中には開かれなかった。

しかしイギリスが、西欧が、反ソ体制を緩和したわけではない。朝鮮戦争の危機のうちに反ソ防壁としての西ドイツ再軍備が促進され、一九五四年一〇月パリ協定が成立する。これによって、西ドイツは主権を回復し、北大西洋条約機構に参加、その再軍備が進められる。ドイツを「無条件降伏」させたチャーチルはいまではその復興、再軍備に熱心であった。

また一九五四年一一月、彼は大戦の終わりごろソ連軍に対抗する場合を考慮し、投降するドイツ兵の武器を集めて貯えておくようイギリス軍総司令官モントゴメリー将軍に命じたことを公表し、モントゴメリーもこれに従ったことを認めた。ただしこの電報は記録に残っておらず、打電されなかったともいわれるが、ともかくこの発言後しばらく、チャーチルはソ連側の反応を気にしていたようである。

❖さらば、ダウニング街一〇番地

アジアにおける反ソ・反共体制としての東南アジア条約機構(SEATO)にイギリスが参加したのも、チャーチル内閣のときである。そして首相はイギリスの国際的地位や軍事力を誇示するために、原爆保有に熱心であった。一九五二年一〇月オーストラリア周辺における実験の成功によって、イギリスは米ソに続く原爆所有国となった。

労働党の植民地政策を非難したチャーチルではあったが、政権の座につくと、時代の流れに抗することはできなかった。一九五三年成立したエジプト共和国とのあいだに、翌年イギリスはスエズ地帯撤兵協定を結ばねばならなかった。一九五一年、イランにおいて石油産業が国有化され、イギリスはこの石油王国から追放されようとした。英イ石油紛争は一時の険悪な情勢

女王の臣下

を経て、五四年イギリス・イラン協定によって一応の妥協に達したが、イギリスの西アジアからの後退であることは否定できない。「ロマンチックなイギリス帝国主義者の最後」ウィンストン＝チャーチルの時代は終わりつつあったのだ

　体力も気力も衰えていった。一九五三年六月には脳の故障から体に麻痺が生じ、一時は首相としての執務がむ

ずかしかったのみならず、生命さえ危惧されたほどであった。五四年二月ごろ、夜の大半をトランプで過ごすようになった首相の言葉が伝えられている。

イーデン

「ベッド、カード、そして仕事、これがいまの私の生活だ。いつ終わりがきてもかまわない。結局、だれも永久に生きてはいられないものだ」

「いまいましい人生、こんなものだと知っていたら、だれも生まれてこなかったであろう」一九五四〜五五年の冬のころ、チャーチルは口ぐせのように「何ごとにも興味がなくなった。全く疲れた」と側近にもらしたという。そして首相引退のときがついに来た。第二次チャーチル内閣において首相は演説を作成していただけで、すべては他の閣僚たちが裁量していたという評価さえ存する。過去の栄光も時代の流れには勝てなかった。いかに偉大な人物であっても一世紀近くも生きるとき、これは無理からぬことであろう。

これに反し、外交上の成功もあってイーデンの人気はすばらしい。このイーデンを首相、党首とし、清新の気をみなぎらせて近づいている総選挙にのぞもうではないか――保守党員も、その支持者たちもこう思うようになった。チャーチルは不本意ながら首相および保守党党首の地位を退き、下院の一議員にかえる決心をしなければならなかった。

一九五五年四月五日の午後、バッキンガム宮殿におもむいたチャーチルは、女王エリザベス二世に首相辞任の意を正式に申し出た。孫のように若い女王はこの老首相の労をねぎらい、あたたかく辞任をうけいれ、後任の推挙を命じられた。彼はイーデン外相を推して、この訪問を終えた。

それから数日して、チャーチルは見納めに閣議室に歩を運んだのち、可愛がっていたオウムと愛犬だけを連れて住みなれた首相官邸を去っていった。邸前にひしめきあう群集に向かって、

首相官邸を去る

彼はあの忘れることができないV字形を作ってみせる。つとめて快活をよそおいながら車中の人となった彼の目には、涙らしいものが光っていた。あと始末のため夫人を残して、もの言わぬ動物だけとともに思い出のダウニング街一〇番地を去る老ウィンストンの姿を、新聞も「ホロリとするような光景」と評した。

死に至るまで

❖文筆と絵筆

チャーチルは戦後まもなく、すでに『第二次世界大戦』の著述に着手していたが、それは一九四八年から五四年まで全六巻となって出版された。この大著は執筆というよりも数人の秘書に口述筆記させたものであり、戦時中ほとんど独裁者に等しい地位にいただけに、彼はおびただしい資料を縦横に駆使できたのみならず、陸海空軍の専門家、科学者、歴史家などを思うままに動員した。

それはチャーチルらしい自画自賛に満ちた回顧録であるが、大戦の最も貴重で劇的な記録として、著者に大きな名声と富と(「私は本を書いているのではなくて、一財産作っているのだよ」と彼は冗談をとばしている)、そしてノーベル文学賞(一九五三年度)をもたらした。ただし次のようにも伝えられている――チャーチルは実はノーベル平和賞がほしかったので、文学賞には

大戦回顧録を執筆しつつ

失望したと。

首相引退後の彼の労作は、戦前から取りかかっていた『英語諸国民史』全四巻（一九五六～五八）の完成である。これも多くの資料に埋もれての口述であり、英米両国民の史上における地位をさぐろうという構想から発し、両国が連合国となる第一次世界大戦の前までで終わっている。著者の考えはよく汲みとれるが、史書としては古めかしいとも評されている。しかしルーズヴェルトやスターリンがアメリカ史もソヴィエト史も書かなかったことを思えば、こういう人物がこうした本を著わしたという点だけでも価値があるともいえよう。

戦争中どこへ出かけるおりにも、絵の道具一式を携帯したという彼のことであるから——ただしどこでも絵を描く時間はなかったが——戦後思う存分にカンバスに向かったことはいうまでもない。あるとき「あなたはなぜ風景画しか描かないのですか」と質問されて、「木や石ならば、モデルに似せて描かなくともよいからですよ」と答えたというように、彼は自己流に絵を楽しんだ。

チャーチルが芝居を見物に行くと、舞台監督も俳優もこの最前列に着席した「老人」——イギリスで「老人」とはチャーチルのことだったという——に対して緊張した。彼はとくに俳優にとって厄介な存在であった。シェークスピア劇をいくつもそらんじていたと思われる「老人」は、俳優とともにせりふを口ずさむし、舞台でせりふの一部を省略したりすると、どなり声をあげたりするからである。

❖生活の断片

チャーチルの日常生活は毎朝一〇時に始まるのが普通である。朝食はベッドでとることが多く、肉類、卵などと相当な量である。食後に彼は特製の長い葉巻に火をつけるが、火が消えてもそのままかんでいる。したがって、彼が実際に葉巻を吸う量は案外多くはなかったらしい。午前中はベッドを離れず、来客があってもそのまま面談したりした。

来客が多いときには二時間ばかりの昼食のあいだ、彼は元気にしゃべりまくるが、この二時間というのはイギリス上流社会の習慣といわれる。彼は相当の酒豪で、昼食から飲酒することもあるが、飲みつぶれるようなことは大嫌いで、葉巻と同様に、飲むようなふりをするという光景が宴会の席などでしばしば見受けられた。

昼食が終わると、若いときからの習慣として二時間ばかり午睡をとるが、首相在任中には議場内にも午睡用ベッドが備えられていたという。それから戸外に出ることもあるが、仕事にとりかかるおりには例によって口述が始まる。この間、風呂好きの彼はたびたび入浴し、ときには浴室の外に秘書を招いて急に筆記させるありさまであった。入浴中突然とび出して、電話で重要な用をたすことも珍しくなかった。

口述筆記だけで間に合わなくなると口述録音機《ディクタフォーン》が利用され、彼は歩きまわりつつ、これにふきこむ。じゅうたんの端まで歩くと、そこまでで機械に声が届かないような装置にしてあるので、彼はくるりと向きをかえて語り続ける。主として数人の秘書たちがこれを整理すると、チャーチルが熟読、加筆したうえで、近くの印刷所で特別注文として印刷され、それから出版社へ持ちこまれる。秘書たちはしばしば夜明けの四時ごろまで仕事をさせられた。その間、彼は夕食、夜食を大いに楽しんで、飲み、かつ食った。

就寝は普通、午前二時すぎである。召使いが明かりを消そうとすると、ときどきベッドのなかから最後の注文が出る。「おい、目かくしはどこだ?」チャーチルは朝の光をさえぎるため、いつも黒い目かくしをするならわしであった。また彼は一日に三度も下着をかえたり、どんなに多忙でも、仕事、食事、来客などに応じてたびたび服装をあらためるので、近侍の者は相当に気を遣わねばならなかった。彼がいつも愛用する蝶ネクタイは特別あつらえであり、結び方も独特であるという。

首相官邸にも動物を飼っていたように、チャーチルは動物好きで、戦争中にはライオンを送られて始末に困り、動物園へ「チャーチルのライオン」として送りこんだという話もある。彼はまた競馬用の馬を所有し、一九五〇年には一〇頭ほどいたが、彼はときどき馬たちに数分間も意見をすることがあった。ある友人は、馬が言葉を理解するというのも変だが、馬の顔には戦時内閣の閣議終了後の大臣たちと同様な表情がうかがわれる、ウィンストンの雄弁は動物界にも同じ効果をもつとみえると言っている。

秘書、召使、従僕、園丁、馬丁、運転手など多くの使用人のほかに、犬、猫、馬など動物類も数多くいたし、来客もあとを絶たず、総じてぜいたくな生活なので——彼は何でも最も良いものを好んだ——収入も多いが、出費もかさんだ。しかも元来チャーチルは、金銭上では無頓

老いたる英雄

着なほうである。家計をうまく保っていったチャーチル夫人は地味だが、大きな存在であった。チャーチルは演説を前もって夫人を相手に予行するならわしであったし、日常生活、公的生活、万事にわたって夫人の意見を求めたといわれる。

晩年のチャーチルがその生涯の幸福な追想にふけることができたのも、この夫人がかたわらにあったからこそであろう。妻を相手に何時間もトランプ遊びをして、勝つたびに子供のように喜ぶ彼の姿も見受けられた。また彼は庭に特別の花を丹精して咲かせ、これを夫人に献じたりしたという。

一九五七年、二人は金婚式を迎えたが、夫人は結婚生活を楽しく送る方法は、「彼に毎日おいしいものを食べさせること」だと、愛情のこまやかなところをみせた。チャーチルと夫人とのあいだには一男四女（三女は短命）があり、また孫も多い。彼の一人の弟ジョンは兄よりも先に、一九四七年に世を去っている。ジョンは軍人で、その娘はイーデンと結婚した。

チャーチルの長男ランドルフはジャーナリストで、一時は政界にも出たが、父にふさわしい後継者ではなかったようである。それにしても夫妻が最初の子として愛情を注いだ長女ダイアナが、二度の結婚に失敗したのち、一九六三年一〇月に五四歳で真相不明の自殺をとげたとき、老チャーチルは何と感じたであろうか。

❖永遠の眠り

首相を辞してのち、チャーチルは一九五五年、五九年の総選挙にいずれも当選して議員の地位を保ったが、政界の表面にはほとんど現われていない。彼はとくに南フランスの海岸の暖かさと陽光と風景を愛し、またギリシアの大富豪オナシスの豪華なヨットで遊ぶこともあり、レジャーを楽しむ点では人後に落ちなかった。

しかしやがて肉体の衰えもめだってきた。何かを言いかけては忘れてしまったり、口をきくのも大儀《たいぎ》そうな様子となった。ちぢんで小さくなった体を大きないすに埋めて、暖炉の火を見守りつつ一日中うとうとしている日も多くなった。

一九五九年満八五歳の誕生日にあたり、ソ連首相フルシチョフは祝電をよせ、反ヒトラーの戦いにおけるチャーチル氏の役割と、東西首脳会議、世界の緊張緩和などのために尽くした努力に対してソ連人民のあいさつを送った。また一九六三年四月、外国人として最初のアメリカ名誉市民の称号が贈られたが、渡米して式典に出席したのは代理の子息ランドルフ゠チャーチルであった。ときの大統領ジョン゠ケネディは、常に自由のためにたたかってきたチャーチル、いまや下院の子ではなく、その父となったチャーチルをたたえ、「サー゠ウィンストン゠チャーチルの名はすでに伝説である」と演説を結んだ。

ついに一九六四年、この年の一一月末で満九〇歳の誕生日を迎えるチャーチルは、今議会限りで六〇年をこえる議員生活から引退することとなった。議会制デモクラシーを絶対的でないとしても、相対的に最良と信奉するチャーチルにとって、「議会」とはいうまでもなく「庶民院」、「下院」であり、いわば名誉職である「貴族院」、「上院」に移るつもりはなかった。したがって彼は貴族の称号をついに受けなかったのである。

六四年七月二七日午後三時すぎ、老齢のため歩行が不自由となったチャーチルが、二人の議員に両腕をかかえられてその席――最前列の特別席に腰をおろすと、議場は一瞬水をうったような静けさ、やがてひびき渡る拍手をもって、この大政治家の最後の登院を迎えた。翌二八日、保守・自由・労働三党の共同提案で感謝決議が贈られたが、これはウェリントン将軍がワーテルローでナポレオンを敗北させて以来のことである。

柩の行進

しかしチャーチルが満九〇歳になったころ、テレビ局は誕生日に組む番組を出しつくして困っているありさまであり、「死を待つよぼよぼの老人」と辛辣《しんらつ》に評する人さえあった。彼自身も一日も早く世を去りたいと思っていたようである。そして六五年一月、彼はロンドンのハイドパーク-ゲートの自宅において脳血栓で倒れ、一五日重体と発表された。この日彼は付添っていた娘むこに、「もうすっかりいやになったよ」と言ったと伝えられるが、これが最後の言葉となった。

想像をこえた生命力をもって、いかにもこの人物らしい「死」に対するたたかいが一〇日も続いた。この間、寒さに耐えてチャーチル邸の付近にたたずむ市民たちも少なくなかった。そして二四日午前八時すぎ永眠し、議会の塔に掲げられている国旗ユニオンジャックは途中までおろされ、教会では弔鐘《ちょうしょう》がうち鳴らされ、ロンドンの町々は深い悲しみにとざされた。

ラジオは死を知らせるニュースのあと、「捧げることができるのは、ただ血と労苦と涙と汗だけである」という首相就任のとき（一九四〇年）の有名な演説の録音と、それから大戦中の「勝利へのテーマミュージック」であったベートーヴェンの「第五交響曲（運命）」とを流した。二四日夜ウィルソン首相（労働党）はテレビで、この「歴史をみずから作り、歴史をみずから書いた」人物を追悼した。

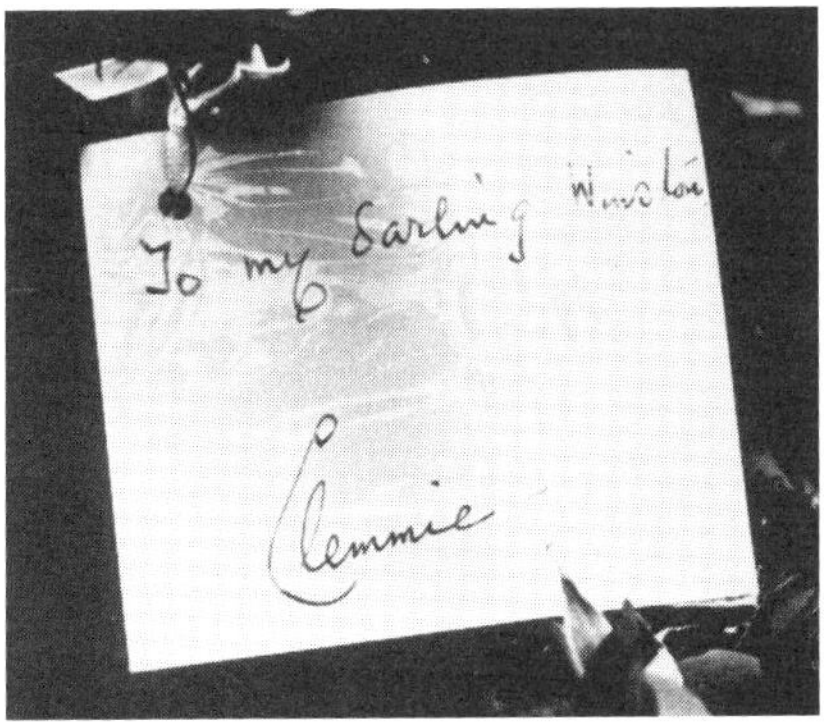

未亡人から（上）エリザベス２世から（下）の告別の花輪二つ

三〇日ロンドンの聖ポール寺院で、世界中の百をこえる国々からの国王、大統領、首相など多数の参加のもとに国葬が行なわれた。参列者のなかにはアイゼンハワー元帥、ド＝ゴール大統領ら、かつての「戦友」たちの姿も見受けられた。寺院をめざしての柩《ひつぎ》の行進は、いかにもチャーチル好みのパレードを展開した。

　葬儀ののち、遺体はテムズ川をさか上り、ウォータールー駅から機関車ウィンストン＝チャーチル号が引く特別列車で、生まれ故郷に近いある村の教会へ運ばれた。そして死者は生家ブレナム宮を遥かに見渡す小さな墓地で、両親と並びつつ永遠の眠りについた——。

あとがき

イギリスのジャーナリズムはチャーチルの死に際して、大特集を行なえる態勢をもう一〇年来とり続けていた。彼の死亡記事は何度も準備され、何度もしまいこまれた。そのたびごとに原稿に手を入れてきたジャーナリストのなかには、チャーチルよりも先に死んでしまった者もいた。

予想が現実となったとき、イギリスはじめ欧米のジャーナリズムは――日本もだいたい同調したが――当然のことながら「大英帝国最後の騎士」、「現代最高の英雄」、「反ファシズムの輝かしい闘士」、「自由とデモクラシーの救い主」等々、最高の賛辞をもってその死を追悼するにやぶさかではなかった。とくに落ち目に向かっているイギリスが、この世界的な「名物男」を最終的に持ちあげて、栄光の日々の思い出にひたろうとしたのも無理からぬことであろう。

しかし一方、次のような反応が示されたことに注目しなければなるまい。たとえばソ連で「彼は偉人ではあったが、ソ連に関しては誤っていた」とか、「われわれは大戦中の同盟者として、尊敬の念をもって彼を追想する。しかし彼がソヴィエト勢力を倒そうと終始試みたことを忘れることはできない」という声があり、アラビア人などのあいだでは、「彼はイギリス植民地主義精神のシンボルであり続けるであろう」というような言辞が見受けられた。

最後に、イギリスの有名な歴史家アーノルド＝トインビーのチャーチル観を紹介しておきたい。チャーチルが首相を辞任したとき、トインビーは言ったという。

「彼にはどうしても引退できない一つのことがある。それは自分自身から引退することだ……」

つまりチャーチルにはいつ、いかなるところにおいても、彼独特の強烈な個性がつきまとって離れないということであろう。

同時にトインビーは「創造的な個性」こそチャーチルという人物の最大の特長であり、それは近代の制度・組織・機械などに奴隷化されなかった個性だと指摘しているのである。そしてこの個性は若いときのチャーチルが士官としてインドにいたころ、あの自学自習によって作られたものと、トインビーは考えているようだ。そうだとすれば、若いころの心がまえが人間形成のうえにいかに重要な意味を持つか、それを示す好例であろうか。

チャーチル年譜

年齢は一一月三〇日現在、年譜中の著作類は本文で言及したものに限った。

西暦	年齢	年譜	参考事項
一八七四		一一月三〇日誕生	
八六	一二	父ランドルフ卿が蔵相となる	
八八	一四	ハロウ校入学	
九三	一九	サンドハースト陸軍士官学校入学	（一八九四）日清戦争（〜九五）
九五	二一	父の死、キューバで従軍	
九六	二二	騎兵士官としてインドへ	
九七	二三	インドで報道員として従軍	
九八	二四	エジプトで従軍、『マラカンド野戦軍記』出版	米西戦争
九九	二五	『河畔の戦争』出版、ボーア戦争に従軍、捕虜となって脱走	
一九〇〇	二六	保守党から議員に初当選、『サヴロラ』出版	義和団事件（〜〇一） （一九〇一）ヴィクトリア女王死去、エドワード七世即位 （一九〇二）日英同盟成立
〇四	三〇	自由党に移る	日露戦争（〜〇五）
〇六	三二	植民省政務次官となる、『ランドルフ＝チャーチル卿』出版	（一九〇七）三国協商成立
〇八	三四	商務院総裁となる、クレメンタイン＝ホジャーと結婚	

一九一〇	三六	内相となる	日韓併合、ジョージ五世即位
一一	三七	シドニー街包囲戦、海相となる	
一五	四一	ダーダネルス作戦の失敗、海相解任	(一九一四)第一次世界大戦(〜一八)
一七	四三	軍需相となる	ロシア革命
一八	四四	陸相兼空相となる	ドイツ革命
一九	四五	対ソ干渉を推進	ヴェルサイユ条約
二一	四七	植民相となる、母の死	ワシントン会議(〜二二)
二二	四八	総選挙に落選、植民相を退く	ムッソリーニ政権成立
二三	四九	『世界の危機』出版(→三一)	関東大震災
二四	五〇	総選挙に当選、保守党に復帰、蔵相となる	(一九二五)ロカルノ条約
二六	五二	ゼネストに対し、政府機関紙発行	
二九	五五	蔵相を退く	世界恐慌始まる
三〇	五六	自伝『わが半生』出版	
三一	五七	このころインド政策に反対	満州事変(〜三三)
三三	五九	『マールバラ、その生涯と時代』出版(→三八)	ヒトラー政権成立、ルーズヴェルトが大統領に就任(〜四五)
三五	六一	このころ軍備強化、対独強硬を主張	ドイツ再軍備宣言、イタリア-エチオピア戦争(〜三六)

一九三六	六二	国王結婚問題でさらに政界で孤立	エドワード八世即位および退位、ジョージ六世即位、ドイツがラインラント進駐、スペイン内乱（〜三九）
			（一九三七）日中戦争（〜四五）
三八	六四	ミュンヘン協定に反対	独墺合併、ミュンヘン会議
三九	六五	海相となる	独ソ不可侵条約、第二次世界大戦（〜四五）
四〇	六六	首相兼国防相、保守党党首となる	フランス降伏、ド＝ゴールが抵抗運動開始、ブリテンの戦い、日独伊三国同盟成立
四一	六七	「大西洋憲章」発表	武器貸与法成立、独ソ戦、日本と米英開戦
			（一九四二）ミッドウェー海戦、北アフリカ上陸作戦
四三	六九	カサブランカ会談、カイロ会談、テヘラン会談	スターリングラードのドイツ軍降伏、イタリア降伏
四四	七〇	スターリンと東欧の勢力比率取決め、ギリシアへ干渉	米英軍がノルマンディーに上陸、パリ解放
四五	七一	ヤルタ会談、ポツダム会談、総選挙で保守党敗れて首相を辞す	ルーズヴェルトの死、国際連合憲章成立、ドイツ降伏、原爆投下、日本降伏
四六	七二	フルトンにおける「鉄のカーテン」演説、チューリッヒにおけるヨーロッパ統合演説	インドシナ戦争（〜五四）
			（一九四七）トルーマン＝ドクトリン発表、コミンフォルム結成

一九四八	七四	『描く楽しさ』および『第二次世界大戦』出版（～五四）	マーシャル-プラン発足、ベルリン封鎖（～四九） （一九四九）北大西洋条約機構成立、中華人民共和国成立、ソ連が原爆保有 （一九五〇）朝鮮戦争（～五三） （一九五二）エリザベス二世即位、アメリカが水爆保有
五一	七七	再び首相となる	サンフランシスコ対日講和条約
五三	七九	ガーター勲章およびノーベル文学賞をうける、バミューダ会談、東西首脳会談提唱	スターリンの死、ソ連が水爆保有 （一九五四）ジュネーヴ極東平和会議、アルジェリア問題（～六二）
五五	八一	首相および保守党党首辞任	ワルシャワ条約、ジュネーヴ四巨頭会談、バンドンのアジア-アフリカ会議
五六	八二	『英語諸国民史』出版（～五八）	スターリン批判、ハンガリー事件、スエズ戦争（～五七） （一九五七）ソ連が人工衛星第一号打上げ、新安保条約 （一九六一）ソ連が人工衛星船ヴォストーク一号打上げ （一九六二）キューバ封鎖
六三	八九	アメリカ名誉市民の称号をうける	ケネディ暗殺、中ソ論争激化
六四	九〇	議員を辞し、政界から引退	
六五		一月二四日死去	アメリカが北ベトナム爆撃開始

参考文献

『第二次大戦回顧録』（全二四巻） チャーチル 毎日新聞翻訳委員会訳 毎日新聞社 一九四九～五五
『第二次世界大戦』（簡約版 全四巻） チャーチル 佐藤亮一訳 河出書房新社 一九七五
『描く楽しさ』 チャーチル 林謙一訳 美術出版社 一九五一
『わが思想・わが冒険』 チャーチル 中野忠夫訳 新潮社 一九五六
『人生と政治に関する我が意見』 チャーチル 石川欣一訳 東京創元社 一九五七
『血と涙と』 チャーチル 中野忠夫訳 新潮社 一九五八
『わが半生』 チャーチル 中村祐吉訳 角川書店 一九六五
『チャーチル名言集』 コーリン・R・クート編 天野亮一訳 原書房 一九六五
『チャーチル名演説集』 チャーチル研究会編訳 原書房 一九六五
『チャーチル名言集』 加瀬英明編 講談社 一九六五
『チャーチル・ウィット』 A・サイクス I・スプロート編 金子登訳 ダイヤモンド社 一九六五
『チャーチルと勇気』 ビベスコ皇女 安堂信也訳 東京創元社 一九五七
『チャーチル伝』 L・ブロード 松原弘雄・山田純訳 恒文社 一九六五
『チャーチル―Vマークの栄光の宰相』 佐藤亮一 旺文社 一九六五
『チャーチル―生存の戦い』 ロード＝モーラン 新庄哲夫訳 河出書房新社 一九六七
『チャーチル―イギリス現代史と一人の人物』 河合秀和 中央公論社 一九七九

写真出典

Alan Moore head / Churchill a pictorial biography, 1960
Editions Les Yeux Ouverts / 20 Ans que nous avons vecus, 1961
Richard Collier / The Sands of Dunkirk, 1961
Richard Harrity & Ralph G.Martin / Man of the Century Churchill, 1962
R. A. Butler / Churchill years 1874—1965, 1965

さくいん

新《しん》・人《ひと》と歴史《れきし》　拡大版《かくだいばん》　30

チャーチルと第二次世界大戦《だいにじせかいたいせん》

定価はカバーに表示

2018年7月30日　　初　版　第1刷発行

著　者　山上《やまのうえ》　正太郎《しょうたろう》
発行者　野村　久一郎
印刷所　法規書籍印刷株式会社
発行所　株式会社　**清水書院**
〒102－0072
東京都千代田区飯田橋3－11－6
電話　03－5213－7151㈹
FAX　03－5213－7160
http://www.shimizushoin.co.jp

カバー・本文基本デザイン／ペニーレイン　　DTP／株式会社 新後閑
乱丁・落丁本はお取り替えします。　ISBN978－4－389－44130－2